One More Chance at Life.

「仕事」も「遊び」もさらに楽しくなる
66の方法
水野敬也＋長沼直樹

すべての知識、
質問とその答えは、
犬が持っている。

フランツ・カフカ

はじめに

犬は、人々と共に暮らし、家族の一員として愛されています。その理由は、私たちの疲れを癒して明日への活力を与えてくれたり、私たちが忘れがちになっている──「お互いを愛する」「日々を楽しんで生きる」など、人生で大切なことを思い出させてくれる存在だからです。そして本書に登場する66の犬たちも、まるで生きている犬のように私たちを癒し、人生を楽しむヒントを与えてくれます。

ノー天気って、無敵

The invincibility of being happy-go-lucky.

◀ 表面

犬たちが教えてくれる
「大切なこと」

裏面 ▶

犬たちが教えてくれる「大切なこと」を、
より深く理解したい人は裏面を
見てください。裏面には、
「大切なこと」に関わる
「偉人エピソード」と「偉人たちの名言」
が載っています。

09　ノー天気って、無敵

[ディオゲネス] 古代ギリシャの哲学者・BC412頃-323

「狂ったソクラテス」の異名を持つ哲学者・ディオゲネスは、自由と理性を重んじ、財産を持たなかったので、街中の大きな樽の中に住んでいました。あるとき、マケドニアの王・アレクサンドロスがディオゲネスを訪ねて「何か望みはないか」と聞きました。ひなたぼっこをしていたディオゲネスは「そこをどいてもらいたいです。日が陰りますから」と答えました。王は「私がアレクサンドロスでなかったら、ディオゲネスになりたいものだ」とつぶやいたそうです。

世間体を気にせず、自由気ままに過ごせる場所と時間を大事にしましょう。

偉人たちの名言

財産よりも、もっと尊いものは「明るい性格」だ。人間の心も体と同じだ。日陰にいるのではなく、日光の照る場所に移るべきだ。困ったことがあっても、笑い飛ばっとばしてしまおう。
［ アンドリュー・カーネギー ］ 米国の実業家・1835-1919

大いなる安らぎの心は、
賞讃も中傷も気にしない人間のものである。
［ トマス・ア・ケンピス ］ ドイツの神秘思想家・1380-1471

陽気でいることが、
肉体と精神の最上の衛生法です。
［ ジョルジュ・サンド ］ フランスの作家・1804-1876

本書はもちろん普通の本としてもお楽しみいただけますが、すべてのページが切り離せる作りになっています。

お気に入りのページを、好きな場所に貼ったり、家族や友人にあげることもできます。

家族や友人に

いつも目に
つくところに

部下へのアドバイスとして

みんなの見えるところに

本書に登場する犬たちは、いつもあなたのそばにいて、
人生に喜びと癒しを与えてくれるでしょう。

もくじ

66の犬は7つのカテゴリーに分けられており、それぞれのカテゴリーに関する「大切なこと」を教えてくれます。裏面の冒頭に数字がふってありますので、最初の「スタート」から読み始めたり、気になるカテゴリーに進んだり、自由な使い方でお楽しみください。

スタート	01-12
挑戦	13-23
仕事	24-36
リラックス	37-41
コミュニケーション	42-49
習慣	50-58
愛	59-66

START

スタート

はじめは誰でも
不格好

No one looks great from the start.

01 はじめは誰でも不格好

[千利休] 安土桃山時代の茶人 | 1522-1591

茶道を完成させ、日本に侘び寂びの文化を根づかせた千利休。あるとき、茶の湯の修行を積んだ人物が、新築した茶室開きに利休とその弟子たちを招いて茶会を開きました。しかしその人は、利休を前にして緊張してしまい、何度も細かなミスをしました。弟子たちの中にはそれを見てくすくすと笑う者もいましたが、利休は静かにその一挙一動を見守り、茶会が終わるとその人を大変ほめて帰ったそうです。そのあとで同行の弟子たちを叱りつけました。「主人の不手際を笑うなど、とんでもない心得違いである。真剣さ高まっての不手際は真心のあらわれ、その茶を点てるのに一生懸命であったことに感心しなければならぬ。あれが本当の茶というものである」。

真剣さと誠実さがあれば、不格好であることを気にする必要はありません。

偉人たちの名言

間違いと失敗は、我々が前進するための訓練である。
[チャニング・ウィリアムズ] 米国の牧師 | 1829-1910

どんな芸術家でも最初は素人だった。
[ラルフ・ワルド・エマーソン] 米国の思想家 | 1803-1882

間違いを犯してばかりの人生は、何もしなかった人生よりも、あっぱれであるだけでなく、役に立つ。
[バーナード・ショー] イギリスの劇作家 | 1856-1950

もうダメだ、から
伝説は始まる

"It's all over"... is when the legend begins.

02　もうダメだ、から伝説は始まる

[ジョン・マーティン]　イギリスの画家・版画家 ｜ 1789-1854

ロマン派の画家で、壮大かつ幻想的な風景を描いたジョン・マーティン。彼にはあまりにもお金が無く、餓死（がし）寸前まで追い込まれたことが何度もありました。あるときは、手元にわずか1シリングの銀貨しか残っていませんでした。その銀貨の光沢が美しかったので、最後の最後まで手放さずにいたのです。しかし、限界をむかえた彼は、最後の銀貨を持ってパンを買いに行くことにしました。そして、いざパンを手にして帰ろうとすると突然、店主からパンを奪われ銀貨を投げ返されました。マーティンは知りませんでしたが、実は、その銀貨はニセモノだったのです。みじめな気持ちで下宿に帰った彼は、床に落ちていたパンくずを探し、それを口に入れて飢えをしのぎながら、それでも絵を描き続けたといいます。

　どん底の状況は、後世の逸話になるものです。希望を胸に、前進し続けましょう。

偉人たちの名言

私たちは踏みなれた生活の軌道から放り出されると、
もうダメだ、と思います。ですが、
実際はそこに、ようやく新しい良いものが生まれるのです。
[レフ・トルストイ] ロシアの小説家 ｜ 1828-1910

潮がきれいに引くのは、すぐ潮が押し寄せてくるためである。
実際、成功の方向に向きかけているときが、
最も困難に見えるときなのである。
[エルバート・ハバード] 米国の作家・教育者 ｜ 1856-1915

私たちは、限りある失望を受け入れなければならない。
しかし、無限なる希望を失ってはならない。
[マーティン・ルーサー・キング Jr.] 米国の牧師 ｜ 1929-1968

先輩に遠慮しない

No need to be considerate to your seniors.

03	先輩に遠慮しない

[グリエルモ・マルコーニ] イタリアの実業家・発明家 | 1874-1937

マルコーニは、無線通信を開発・改良し、事業として成功させた人物です。彼の優れたところは自分で実験をするだけでなく、優秀な人材を集めたところにあります。マルコーニは20歳で会社を始めましたが、イギリスの物理学界を長く牽引してきたケルビン卿に、技術顧問になってくれるよう依頼しました。そのとき、ケルビン卿は70歳を超えており、若手の研究者が気軽に会える人物ではなかったにもかかわらず、です。また25歳のときには、当時50歳近い「フレミングの法則」で知られるジョン・フレミングを雇い入れました。こうして先人たちの知恵を会社に結集させたマルコーニは、無線通信の分野で大きな功績を残したのです。

　偉大な先輩に対しても物怖じせず、自分の意見や要望を伝えましょう。

偉人たちの名言

先輩、同僚、友人に対しても遠慮なく思うところを述べてきた。
その反動として起こる私自身の不評や損得はあえて気にしなかった。
[松永安左エ門] 実業家 | 1875-1971

誤解を恐れずに言うと、私は生意気な人が欲しい。
思わず腹立たしくなるような生意気な人が、すばらしい仕事をする。
[盛田昭夫] ソニー創業者 | 1921-1999

師をしのがないとは、つまらぬ弟子だ。
[レオナルド・ダ・ヴィンチ] イタリアの芸術家 | 1452-1519

水面下で頑張ろう

Work hard below the surface.

04 水面下で頑張ろう

[緒方洪庵] 医師・蘭学者 ｜ 1810 – 1863

緒方洪庵は29歳のときから私塾「適塾」を運営し、橋本佐内、福沢諭吉、大鳥圭介、大村益次郎など傑出した人物を送り出しました。適塾の教育方針は、自主性を重んじる方式で、それぞれが勝手に勉強し、分からないところは門弟同士で調べたり議論し合って、それでも分からないときだけ洪庵に質問したそうです。そして、その問いに対して洪庵は丁寧に答えました。また、門弟の一人一人をよく観察していて、それぞれの希望や能力が生かせる就職先の世話をしたり、福沢諭吉が熱病にかかったときは何日も眠らずに看病したといいます。

　素晴らしい業績は、表に出る人だけではなく、裏でそれを支える人たちによって生み出されているものです。

偉人たちの名言

シンボルが好まれるのはわかっているが、
自分のことを書かれると、心中穏やかではいられない。
たいがいが他の大勢の存在を見落としているからだ。
（自分ばかりがAppleのシンボルとして扱われることについて）
[スティーブ・ジョブズ] アップル社創業者 ｜ 1955 – 2011

少数者による静かな着手、地味な労苦、黙々と、そして徐々に
向上しようとする努力、これこそがひとつの事業がしっかりと
根を下ろし、成長していくための地盤なのです。
[フローレンス・ナイチンゲール] イギリスの看護教育学者 ｜ 1820 – 1910

鈍刀の骨を切るは必ず砥の助けによる。
[空海] 平安時代の僧・真言宗の開祖 ｜ 774 – 835

日記が楽しい一日を

Make your day worthy of a great diary.

05 　日記が楽しい一日を

[ヘンリー・デイヴィッド・ソロー]　米国の思想家・詩人 ｜ 1817-1862

代表作『森の生活』を記し、後の詩人や作家に大きな影響を与えたソロー。彼は人里離れた森の中で一人で生活し、多くの日記を書きました。森での生活は彼にとって居心地がよく、たとえ一日中雨の降る日でも庭の豆畑が潤うことに喜びを感じ、止むことのない風雨の音で精神がやすらいだといいます。ソローはこう語っています「惨めに時間を過ごさず、その時その時を感謝し、日々がもたらすものを受け入れよう。誠実で思慮深い1ページが書かれていれば、まったく無駄に過ごす一日などないに違いない」。

　一見価値がないように思える一日にも、喜びは見出せるものです。

偉人たちの名言

どんな日であれ、その日をとことん楽しむこと。
ありのままの一日。ありのままの人々。
[オードリー・ヘップバーン]　イギリスの女優 ｜ 1929-1993

すべての日が、それぞれの贈り物を持っている。
[マルティアリス]　古代ローマの詩人 ｜ 40-102頃

今日をよく生きることで、昨日はすべて幸福な夢となり、
明日はすべて希望に満ちあふれて見える。
[レオ・バスカリア]　米国の作家・教育学者 ｜ 1924-1998

冒険は計画的に。

Adventures should be well-planned.

06 冒険は計画的に。

[植村直己 （なおみ）] 冒険家 ｜ 1941-1984

世界初の五大陸の最高峰到達者であり、国民栄誉賞の受賞者である植村直己。冒険家というと勇敢なイメージがありますが、植村は自らを「人一倍、臆病（おくびょう）な性格」と分析し、「冒険で命を落としては何にもならない。私にとって冒険とは、まず『生きて帰ること』なのだ」とも言っています。

1971年、グリーンランドを縦断したいという目標を持った植村は、まず3000kmという距離感をつかむため、北海道稚内（わっかない）から鹿児島までを徒歩で縦断しました。続いて寒冷地への順応と犬ゾリの操縦技術を学ぶため、グリーンランドで現地のイヌイットと五ヶ月間共に過ごしました。現地では毎朝、氷を溶かして紅茶をいれるのが習慣でしたが、体が疲れているとどんなに砂糖を入れても甘く感じないことから、その味をその日の健康状態のバロメーターにしたといいます。

大胆な挑戦をすると決めたら、臆病なまでの徹底した計画を立てましょう。

偉人たちの名言

計画のない目標は、ただの願い事にすぎない。
[サン＝テグジュペリ] フランスの作家・飛行士 ｜ 1900-1944

もし、木を切り倒すのに6時間与えられたら、
私は最初の4時間を斧（おの）を研ぐのに費やすだろう。
[エイブラハム・リンカーン] 第16代米国大統領 ｜ 1809-1865

勇気と無謀を混同してはいけない。
[H・ジャクソン・ブラウン Jr.] 米国の作家 ｜ 1940-

会えるときに、
会っておこう。

Meet when it's possible to meet.

07　会えるときに、会っておこう。

[淀川長治]（よどがわながはる）　映画評論家・解説者　｜　1909-1998

日本におけるチャップリン評論の第一人者とされる映画解説者・淀川長治。彼が27歳で大阪の映画会社に勤めていたとき、新婚旅行中のチャップリンが船で神戸港に来ているという情報を得ました。チャップリンの大ファンだった淀川は「行く」「行きます」「行かせて」と30回も担当者に頼み込み、内密に行く許可を得ます。

5分だけという約束のもと船の甲板（かんぱん）で待っていると、そこに憧れのチャップリンが現れました。淀川は興奮してありとあらゆるチャップリン映画を見たことを告げ、映画『移民』や『番頭』でのポーズを真似たりしました。こうしてあっという間に5分は過ぎたのですが、淀川はチャップリンに船室に招き入れられ、その後40分間、二人きりで話す機会に恵まれました。

会いたいと思う人がいれば、怖れることなく会いに行きましょう。

偉人たちの名言

常にオープンで正直であれ。コミュニケーションを怠（おこた）らずに。
友人に電話し、同僚の助言を聞き、憧れの人には声をかけろ。
[マーク・ザッカーバーグ]　フェイスブック創業者　｜　1984-

人間の生き方を決定づけるのも、あるいは、ビジネスの成果を
左右するのも、誰と会えたかという人間関係に基づくことが
おどろくほど多いのです。
[平岩外四]（がいし）　実業家　｜　1914-2007

二度と帰らぬものは過ぎ去った歳月である。
二度と会うことができないのは死んでしまった親である。
[孔子]　中国春秋時代の思想家　｜　BC552-479

いいことは、覆面で

When doing good deeds, wear a mask.

08　いいことは、覆面で

[モンテスキュー]　フランスの法学者・哲学者　|　1689-1755

フランスのマルセイユで起きた話です。ある紳士が船に乗り、その船頭を務める兄弟と身の上話になりました。兄弟は海賊に捕まった父を助けるために働いていると言ったので、紳士は苦労をねぎらい、多めに船賃を払っていきました。

数ヶ月経ったある日、その兄弟の元に父親が帰ってきて言いました「ありがとう。お前たちが身代金を払ってくれたおかげで助かった」。兄弟は顔を見合わせました。身代金はまだ払えていなかったからです。きっとあのときの紳士が身代金を払ってくれたのではと想像しましたが、結局どこの誰かわかりませんでした。実はその紳士こそがモンテスキューで、彼はこの善行を生涯、誰にも語りませんでしたが、死後、日記を調べると、このときの出来事と身代金の金額が記されていたのです。

称賛されるためではなく、相手のための行動を起こしましょう。

偉人たちの名言

報酬を求めない奉仕は、他人を幸福にするのみならず、
我々自身をも幸福にする。
[マハトマ・ガンディー]　インドの弁護士・社会運動家　|　1869-1948

陰徳を行え。そしてそれが、
あなたに名声を与えたら赤面しなさい。
[アレキサンダー・ポープ]　イギリスの詩人　|　1688-1744

人知れず徳を積む者には、必ず誰の目にも明らかなよい報いがあり、
隠れて善行をしている者には、必ずはっきりとした名誉があるものだ。
[『淮南子』]

ノー天気って、無敵

The invincibility of being happy-go-lucky.

09　ノー天気って、無敵

［ **ディオゲネス** ］　古代ギリシャの哲学者｜BC412頃–323

「狂ったソクラテス」の異名を持つ哲学者・ディオゲネスは、自由と理性を重んじ、財産を持たなかったので、街中の大きな樽の中に住んでいました。あるとき、マケドニアの王・アレクサンドロスがディオゲネスを訪ねて「何か望みはないか」と聞きました。ひなたぼっこをしていたディオゲネスは「そこをどいてもらいたいです。日が陰りますから」と答えました。王は「私がアレクサンドロスでなかったら、ディオゲネスになりたいものだ」とつぶやいたそうです。

世間体を気にせず、自由気ままに過ごせる場所と時間を大事にしましょう。

偉人たちの名言

財産よりも、もっと尊いものは「明るい性格」だ。人間の心も体と同じだ。
日陰にいるのではなく、日光の照る場所に移るべきだ。
困ったことがあっても、笑いでふっとばしてしまおう。
［ アンドリュー・カーネギー ］　米国の実業家｜1835–1919

大いなる安らぎの心は、
賞讃も中傷も気にしない人間のものである。
［ トマス・ア・ケンピス ］　ドイツの神秘思想家｜1380–1471

陽気でいることが、
肉体と精神の最上の衛生法です。
［ ジョルジュ・サンド ］　フランスの作家｜1804–1876

最強の両腕を

Seek both the best right-hand man and the best left-hand man.

10 最強の両腕を

[カメハメハ一世]　ハワイ王国の大王 ｜ 1758‒1819

1 810年にハワイ諸島を初めて統一したことで知られるカメハメハ大王。彼が偉大な功績を残せたのは、彼自身の能力だけでなく、ある人物たちの働きがあったからでした。

あるときカメハメハは、現地人たちによって拘束され処刑される予定だったイギリス人の捕虜ジョン・ヤングとアイザック・デービスを見つけて保護しました。そして、彼らには優れた能力があることが分かると酋長に任命し、自らの顧問として働かせました。カメハメハはこの二人から西洋文明の高い技術と知識を吸収し、戦いに必要な銃火器や船をうまく調達して、ハワイ諸島の統一を成し遂げたのです。

一人の人間にできることは限界があります。優秀な人物に協力してもらう方法を探りましょう。

偉人たちの名言

私は謀をめぐらすことは張良にかなわない。国を治め、兵糧を供給することは蕭何におよばない。百万の兵を率い勝利をおさめることは韓信におとるだろう。しかし、この三人にそれぞれ得意のところを発揮してもらい、よく働いてもらった。私が項羽に勝てた鍵はこれである。
[劉邦]　古代中国の皇帝 ｜ BC256‒195

かたつむりに殻の様子を教えてやれるのは、
かたつむり以外の者だ。
[エルバート・ハバード]　米国の作家・教育者 ｜ 1856‒1915

自分より賢き者を近づける術を知りたる者、ここに眠る。
（彼の墓石に刻まれた言葉）
[アンドリュー・カーネギー]　米国の実業家 ｜ 1835‒1919

雨が降るから、虹が出る

Rainbows appear only after the rain.

11 雨が降るから、虹が出る

[イマヌエル・カント] ドイツの哲学者 | 1724-1804

『純粋理性批判』などの著作で、哲学の認識論に転換をもたらしたカント。彼は幼い頃から病弱で、十分に医者にもかかれず、17歳のときまで毎日「苦しい、苦しい」と言って過ごしていました。ある医者が村にやってきたとき、カントは気休め半分で診察を受けましたが、医者はカントの顔を見てこう言いました。「君の状態は気の毒だが、しかしそれは体だけのことだ。つらい、苦しいと言うその口で心が健康なことを感謝することはできないかね。心が健康なおかげでこれまで生きてこられたのだから」。このアドバイスをきっかけに、カントは自分がこれまで不満ばかりを口にして、喜びを失っていたことに気づきました。のちにカントは「苦しみこそが、活動の原動力である。活動の中にこそ、我々は生命を感じる」という言葉を残しています。

自分の感じる苦しみを、心の強さに変えていきましょう。

偉人たちの名言

すべての困難は、あなたへの贈り物を両手に抱えている。
[リチャード・バック] 米国の作家・飛行家 | 1936-

いま一人静かに考えると、体の弱かったということは
不幸せであったが、その反面、非常に自分というものが
変わったものにできたと思っている。
[出光佐三] 出光興産創業者 | 1885-1981

本当にころがった者は起き上がる時は何か得をしている。
[武者小路実篤] 小説家・詩人 | 1885-1976

最初から
ラストスパート!

Run from the start like it's the final sprint to the finish!

12 最初からラストスパート!

[ウォルター・スコット] スコットランドの小説家 | 1771-1832

　多くの歴史小説を書き、人気作家として成功を収めたウォルター・スコット。彼は、就職をひかえた青年から手紙で助言を求められたとき、時間の上手な使い方を軍隊の行進に例えてこうアドバイスしました。「軍隊が行進している最中に後続部隊が混乱するのをよく見かけますが、これは先頭の部隊の歩調が乱れ、行進が滞ってしまうためです。ビジネスも同じです。最初の仕事にすぐ取りかかり、着実にてきぱきと処理していかないと、他の仕事がたまりはじめ、やがては山積した課題に押しつぶされ、事態を収拾できなくなってしまうでしょう」。

　やるべきことは後回しにせず、すぐにその場で取りかかりましょう。

偉人たちの名言

今日なし得ることに全力を尽くせ。
そうすれば、明日は一段の進歩があるでしょう。
[アイザック・ニュートン] イギリスの自然哲学者 | 1642-1727

仕事においては、最初がもっとも肝心である。
[プラトン] 古代ギリシャの哲学者 | BC427-347

すぐれた人間は、いざという時が来ないでも、
いつも全力を出して仕事をしている。
[武者小路実篤] 小説家・詩人 | 1885-1976

CHALLENGE

挑戦

フツーと戦え

Fight normality.

13　フツーと戦え

[人見絹枝]　陸上競技選手　|　1907-1931

人見絹枝は日本人女性で初めて、オリンピックメダルを獲得した人物です。もともとテニス選手でしたが、陸上競技会に出たことで才能が開花し、学校を卒業後は新聞社に入って記者をしながら競技を続けました。そもそも女性がスポーツをやること自体が、敬遠される時代でした。まして肌を露わにする陸上競技では、当時の世間の風当たりは相当強かったといいます。彼女は当時の風潮に対してこう言っています。「せっかくの天分を投げだして、女学校卒業後に家庭に入ってしまう習慣がある限り、世界の檜舞台に立つ女性選手は育たない」。彼女は世間に屈することなく練習を重ね、1928年のアムステルダムオリンピックの女子800mで銀メダルを獲得しました。その功績は日本の女性アスリートの先駆けとなり、後進に大きな希望を与えました。

今の"普通"を乗り越えた先に、新しい常識がつくられます。

偉人たちの名言

志を立てるためには、人と異なることを恐れてはならない。
[吉田松陰]　長州藩士・思想家　|　1830-1859

常識外れの思想を持つことを恐れてはいけない。今日の常識のほとんどは、元々常識外れの思想から生まれているのだから。
[バートランド・ラッセル]　イギリスの哲学者　|　1872-1970

世界には、君以外には誰も歩むことのできない唯一の道がある。その道はどこに行き着くのかと問うてはならない。ひたすら進め。
[フリードリヒ・ニーチェ]　ドイツの哲学者　|　1844-1900

渇き続けろ

Stay thirsty.

14 渇き続けろ

[ウォルト・ディズニー]　ウォルト・ディズニー社創業者 ｜ 1901-1966

1933 年、ウォルトがプロデューサーとなって制作した『三匹の子ぶた』はアニメ映画史上、空前の大ヒットとなりました。そこで配給会社から続編を作るように言われたウォルトは続編を制作したのですが、結果は散々に終わりました。ウォルトはこのことを深く反省し「ブタでブタは超えられない」とつぶやき、その言葉をわざわざ紙に書いて、帽子の中に入れて持ち歩いたといいます。

失敗の悔しさを忘れないことが、新たな挑戦へのモチベーションを持続させます。

偉人たちの名言

夢想は不満足から生まれる。
満ち足りた人間は夢想しない。
[モンテルラン]　フランスの作家 ｜ 1896-1972

これで十分、と思って現状を認めてしまうのは、
バックミラーだけを見て運転するのと同じことだ。
[マイケル・デル]　米国の実業家 ｜ 1965~

私が一つの欲望を持つかぎり、
私は一つの生きる理由を持つ。満足は死である。
[バーナード・ショー]　イギリスの劇作家 ｜ 1856-1950

地元を制するやつは、世界を制す

Those who conquer their hometown will conquer the world.

| 15 | 地元を制するやつは、世界を制す |

[マイケル・ジャクソン]　米国のミュージシャン ｜ 1958-2009

　マイケル・ジャクソンは鉄鋼業の町・ゲイリーで、九人兄弟の七番目の子どもとして生まれました。音楽好きの両親の影響で幼少期から音楽にのめりこみ、兄弟でバンド活動を始めます。スーパーマーケットの開店イベントや地域のお祭り、音楽コンテストなど様々な舞台に出場しては賞金やトロフィーを獲得するようになりました。また、マイケルが7歳のときには、地元のナイトクラブ「ミスター・ラッキーズ」でのレギュラー出演が決まり、そこは遠征費を稼ぐために重要な場所となりました。マイケルは、こうした小さな舞台での演奏が「プロとなっていくための訓練だった」と語っています。

　身近な場所で成功体験を積むことで、もっと大きな舞台への扉が開かれます。

偉人たちの名言

私は小さい頃貧しかったので、最初は腹一杯食べたい夢でした。
丁稚奉公にいってからは、貯金して早く店を持ちたいと思いました。
商売をはじめても、大きな会社など望みませんでした。
一段上の夢を着実にこなしていっただけです。
[松下幸之助]　松下電器創業者 ｜ 1894-1989

大事をなさんと欲せば、小なる事をおこたらず謹むべし。
小つもりて大となればなり。
[二宮尊徳]　農政家・思想家 ｜ 1787-1856

屋根の美しさを羨望するあまり、
土台を築くことを忘れてはならない。
[豊田喜一郎]　トヨタ自動車創業者 ｜ 1894-1952

答えは深いところにある

The answer can be found deep down.

16 答えは深いところにある

[小林虎三郎] 武士・長岡藩士 | 1828–1877

江戸から明治になったばかりの長岡藩（現在の新潟県）での話です。北越戊辰戦争で敗れ、焼け野原となった長岡藩は、米の不作と重なって飢えに苦しんでいました。そんな折に救援物資として「米百俵」が届きます。しかし、長岡藩重役の小林虎三郎は、その米を売って得た資金で学校を建てると言い出しました。もし米を藩の全員に配っても一日二日で食いつぶしてしまう。だから、学校を建てて次の世代を育てることが本当の復興につながると虎三郎は考えたのです。米を配るように刀を抜いて詰め寄る藩士たちに、虎三郎はこう言いました。「この百俵は今でこそただの百俵だが、後年には一万俵になるか、百万俵になるか、計り知れないものがある。いや、米俵などでは見積もれない尊いものになるのだ」。その言葉に心を打たれた藩士たちは納得し、実際に学校が建てられ、長岡藩はのちに多くの人材を輩出しました。

　安易な答えに走るのではなく、本当に大事なことを見極める目を持ちましょう。

偉人たちの名言

樹木にとって最も大切なものは何かと問うたら、
それは果実だと誰もが答えるだろう。しかし、実際には種なのだ。
[フリードリヒ・ニーチェ] ドイツの哲学者 | 1844–1900

目先の成績にこだわり、独自の哲学に基づく創意を少しでも
放棄するような考え方が生まれたとき、
企業は転落と崩壊の道をたどりはじめるだろう。
[本田宗一郎] HONDA 創業者 | 1906–1991

冷静に、かつ忍耐強く、未来を見通す力だけが、
未来を実現してゆく。
[ナポレオン・ボナパルト] フランスの軍人 | 1769–1821

制約のなかで どう戦うか

How to fight under constraint.

17 制約のなかでどう戦うか

[フランツ・カフカ] チェコ出身の小説家 | 1883-1924

『変身』など、ユーモラスで独特な世界観を持つ小説を書いたカフカは、専業作家ではありませんでした。彼は、最初に就職した残業の多い長時間労働の会社をやめ、プラハの保険協会で毎朝8時から14時まで勤務しました。その後、昼食を取り、19時頃まで眠る努力をしたあと家族と夕飯を食べて、皆が寝静まった23時頃から執筆を開始。そこから夜通しで書き続けることもありました。そして、朝になるとまた職場へ出かけるのです。このような生活は、執筆する上で決してベストとはいえず、カフカは「時間は足らず、体力は限られ、職場はぞっとするほど不快で、アパートはうるさい」と当時の環境を嘆いています。しかし、それでも執筆はやめませんでした。

物事を進めるとき、必ず何らかの制約がつきまといます。その制約の中で最善を尽くすことを心がけましょう。

偉人たちの名言

有能の士はどんな足枷を
はめられていようとも飛躍する。
[ナポレオン・ボナパルト] フランスの軍人 | 1769-1821

私が知っている成功者は、すべて自分に与えられた条件のもとで最善を尽くした人々であり、来年になれば何とかなるだろうなどと、手をこまねいてはいなかった。
[エドワード・W・ホー] 米国の政治家 | 1849-1925

閉じこめられている火が、いちばん強く燃えるものだ。
[ウィリアム・シェイクスピア] イギリスの劇作家 | 1564-1616

餌を探すだけが
人生じゃない

Life is not just about feeding yourself.

18 餌を探すだけが人生じゃない

[レンブラント] オランダの画家 | 1606-1669

光と影の明暗を巧みに描き「光の画家」と呼ばれるレンブラントは、まず肖像画家として有名になりました。裕福な時期もありましたが、日常生活は慎ましく、仕事中は一切れのチーズやパン、ニシン一尾だけで食事を済ますこともありました。一方で芸術の構想に役立つものに対しては出費を惜しまず、骨董品や美術品を収集し、他の画家の作品も高く買い上げました。

晩年、貧しい生活を強いられたレンブラントが海岸に打ち上げられた魚を拾っていると、それを不憫に思った紳士が「これで食べ物を買いなさい」と金貨を与えました。しかし、レンブラントはその金貨を持って画材屋に行きこれまでの借金を払い、新しい絵具を買って作品を描いたといいます。

裕福になることより、情熱を傾けられるものを見つけることが、人生の喜びを大きくします。

偉人たちの名言

墓場で一番の金持ちになることは私には重要ではない。
夜眠るとき、我々は素晴らしいことをしたと言えること、
それが重要だ。
[スティーブ・ジョブズ] アップル社創業者 | 1955-2011

私についていえば、ただ数学を学ぶ喜びを食べて生きている
というだけである。そして、その喜びは「発見の喜び」にほかならない。
[岡潔] 数学者 | 1901-1978

貧乏に対する恐怖に人生を支配されてしまえば、その報酬として
食べていくことができるだろう。しかし、生きることはできなくなる。
[バーナード・ショー] イギリスの劇作家 | 1856-1950

カワイルドを目指せ

Shoot for cute and wild. Both.

19 カワイルドを目指せ

[マリア・テレジア]　オーストリア大公 ｜ 1717-1780

マリア・テレジアはオーストリアの女王で、ヨーロッパの名門王家であるハプスブルク家の最盛期を築き上げました。彼女が 23 歳のとき、父であるカール六世が急逝し、事実上の「女帝」として君臨します。すると周辺国はこれをチャンスと見て侵略をしかけ、隣国プロイセンには領土の一部を奪われてしまいました。しかし、彼女は気弱な態度を取る大臣たちを励まして、毅然と戦う決意をします。マリアはハンガリーの貴族に支援を求め、自ら議会に乗り込み、純白の衣装に身を包んで涙ながらに「孤立無援の我が国を救ってほしい」と訴えました。その演説が議員たちの心を動かし、軍事支援を取りつけることに成功したのです。

「強さ」も「か弱さ」も、人を動かす魅力になります。

偉人たちの名言

（かつての恋人バルサンとカペルを振り返って）
ふたりとも私のことを、寄る辺のない哀れな小スズメだと思っていたの。猛獣だったのにね。
[ココ・シャネル]　フランスのファッションデザイナー ｜ 1883-1971

女はティーバッグみたいなもの。熱湯につけられてはじめて、その強さに気づくのです。
[エレノア・ルーズベルト]　婦人運動家・米国大統領夫人 ｜ 1884-1962

わたしは絶対につぶされずに生き残る人間だもの。わたしはゴキブリみたいな人間よ。退治するなんて、できっこないわ。
[マドンナ]　米国の歌手 ｜ 1958-

数に押されるな

Don't get pushed around even if you are outnumbered.

20	# 数に押されるな

[ピーター・ドラッカー] オーストリアの経営学者 | 1909-2005

「マネジメント（経営）」という概念の生みの親であるドラッカー。彼が 33 歳の頃、巨大企業・GM（ゼネラル・モーターズ）社から依頼を受け、会社の内部から 18 ヶ月かけて経営がどうあるべきかを取材しました。その内容は『会社という概念』として出版されたのですが、当の GM 社の幹部たちは内容に関して大反発をしました。会長であるアルフレッド・スローンは、その本の話題を出すことすら嫌がったほどです。一方でライバル会社のフォード社は、ドラッカーのこの本を経営の教科書にして業績を伸ばしました。

　最初は多くの反対者が現れたとしても、正しいことを貫けば、それを上回る数の賛同者を得ることができます。

偉人たちの名言

ほとんどいつも、創造的でひたむきな少数派が
世界をより良いものにしてきた。
[マーティン・ルーサー・キング Jr.] 米国の牧師 | 1929-1968

多数に追随（ついずい）するな。自分自身で決断せよ。
そして人々をも納得させ、リードしていきなさい。
[マーガレット・サッチャー] イギリスの政治家 | 1925-2013

自分を正しいと信じる者は万軍（ばんぐん）よりも強い。
自分を正しいと思えない者は、少しの力も持っていない。
[トーマス・カーライル] スコットランド出身の歴史家 | 1795-1881

待ってても、
幸せはかかってこない

Happiness will not call upon you if you just wait.

21　待ってても、幸せはかかってこない

[ハインリヒ・ハイネ]　ドイツの詩人 | 1797-1856

　ドイツのロマン派の詩人・ハイネがまだ無名の頃の話です。ある書店で店主が「こちらの詩集などいかがでしょう」と話しかけてきました。実はその本はハイネの作品だったのですが、そのことは伏せ、あえてそれを酷評しました。すると感情的になった店主は「こんなに優れた詩人の詩集なら、私はいつでも出版したいと考えていますよ」と言ったので、ハイネは自宅に戻り、あるものを持って再び書店に向かいました。「先ほどおほめにあずかったハイネです。あなたは嘘をおっしゃらないでしょうね」。そう言って、自分の新作の原稿を差し出したのです。こうして出版にこぎつけた詩集はベストセラーになり、彼の名は広まったといいます。

　機会を待つのではなく、どんな状況であっても自分を売り込む姿勢を持ちましょう。

偉人たちの名言

幸福の便りというものは、
待っている時には決して来ないものだ。
[太宰治]　小説家 | 1909-1948

待っているだけの人たちにも何かが起こるかもしれないが、
それは努力した人たちの残り物だけである。
[エイブラハム・リンカーン]　第16代米国大統領 | 1809-1865

人生を建設するには、一つ一つの行動から
やっていかなくてはならない。
[マルクス・アウレリウス]　古代ローマの皇帝 | 121-180

寒いのは
止まっているから

It's only cold because you have stopped.

22 寒いのは止まっているから

[チャールズ・ラム] イギリスの詩人 | 1775 - 1834

随 筆家・詩人として活動したチャールズ・ラムは、30年以上勤めた貿易会社を退職するとき、その喜びを手紙で友人に伝えています。「私は自由になった！ 風のように自由に！ あと五十年は長生きするぞ。人間にとって最高なのは何もしないことだと断言できる」。しかし、それから二年が経って状況が変わりました。ラムはこんな手紙を友人に送ることになりました。「働かないでいるのは働き過ぎるよりももっと具合が悪い。精神が自分を食い物にしている。今では世の中のことにほとんど興味が持てなくなってしまった。私は時間を抹殺する凶暴な殺人者なのだ。それなのに何の導きもない」。嫌だったはずの勤務仕事が実は有益で、制約のない自由が人を悩ませると彼は実感したのでした。

目的を持って動き続けることが、体と心を錆びつかせない秘訣です。

偉人たちの名言

ものぐさは錆と同じ。労働よりもかえって消耗を早める。
一方、使っている鍵は、いつも光っている。
[ベンジャミン・フランクリン] 米国の政治家 | 1706 - 1790

人生とは自転車のようなものだ。
倒れないようにするには走らなければならない。
[アルベルト・アインシュタイン] ドイツの物理学者 | 1879 - 1955

時を短くするものは何か —— 活動。
時を耐えがたくするものは何か —— 怠惰。
[ゲーテ] ドイツの詩人・劇作家 | 1749 - 1832

向かい風を楽しもう

Enjoy the headwind.

23 向かい風を楽しもう

[**タイガー・ウッズ**] 米国のプロゴルファー ｜ 1975 –

24 歳で4つのメジャー大会で優勝し、"グランドスラム"を達成したタイガー・ウッズ。彼の所にはジュニア選手の頃から、ファンレターとは別に、ヘイトレター（悪口が書かれた手紙）が届くことがありました。内容は、「黒人が白人の金持ちのまねをしてゴルフをするな」といったような人種差別的なものが多かったといいます。しかし、そんな手紙をウッズは大事にとっておき、部屋の壁に貼っておきました。その理由をこう語っています。「壁に貼ってことあるごとに読み返し、なにくそ、こんなことに負けるもんかと、逆にゴルフのエネルギーに転化したのです」。ゴルフでは、応援だけでなく観客からヤジが飛ぶこともありますが、そういった状況でも力を出すための精神力を養っていたと言えます。

　つらい状況を楽しむための工夫をしてみましょう。

偉人たちの名言

敵はいるであろう。しかし、彼らのために苦しまないようにしなければならない。敵がいることが「苦痛でない」だけでなく、むしろ「喜びである」ように行動しなければならない。
［ レフ・トルストイ ］ ロシアの小説家 ｜ 1828 –1910

凧が一番高く上がるのは、風に向かっている時である。風に流されている時ではない。
［ ウィンストン・チャーチル ］ イギリスの政治家・作家 ｜ 1874 –1965

私は流れに逆らって泳ぐことで強くなったの。
［ ココ・シャネル ］ フランスのファッションデザイナー ｜ 1883 –1971

WORK

仕事

カワイイ上司になろう

Be a cute boss.

24 カワイイ上司になろう

[土井利勝] 安土桃山時代の武将 | 1573-1644

老中の土井利勝が仕えた幕府の二代将軍・徳川秀忠は煙草嫌いで、江戸城中に禁煙令が出されていました。あるとき、土井が湯飲み場に立ち寄ると、そこで部下たちが煙草を吸っていた形跡がありました。土井は落ち着いて湯飲み場の戸を閉めさせ「みながのんでいたうまそうなもの、私にもいただきたい」と言いました。そしてキセルの使い方を教えてもらい、普段は吸わない煙草を吸いました。土井は咳き込みそうになりながら「なかなかうまいものだ。ごちそうになった」と言い、一度部屋を出て、再び戻ってきて言いました。「今回は私も同罪だが、今後は城内での煙草はおやめいただきたい。このことを他の者にも伝えてもらいたい」。

部下に対して頭ごなしに叱るのではなく、相手の立場を考えながら伝えてみましょう。

偉人たちの名言

有能なリーダーを目指すなら、コミュニケーション能力と温かい心の両方を持たなければならない。
[アニータ・ロディック] ザ・ボディショップ創業者 | 1942-2007

強いだけ、威張るだけではガキ大将の座は安泰ではない。ある程度みんなの自由を認め、楽しく愉快に遊ばせる知恵や工夫がないと、人心を掌握できない。
[水木しげる] 漫画家 | 1922-2015

いい手本を示そうとする者は、自分の徳に微量の馬鹿げたところを添えなくてはならぬ。すると人は見習って、同時にその模範を眼下に見下ろす。これが人々の好むところである。
[フリードリヒ・ニーチェ] ドイツの哲学者 | 1844-1900

いつでも動ける態勢を

Always be ready to act.

25 いつでも動ける態勢を

[ドストエフスキー] ロシアの小説家 | 1821-1881

『罪と罰』、『カラマーゾフの兄弟』などで知られるドストエフスキー。彼の小説に登場する人物は緻密な性格描写がなされ、重厚なリアリティを持っていますが、これには理由がありました。ドストエフスキーの死後、大きな二つの箱の中に入った大量のメモが見つかったのですが、それは彼が生前に書き留めていた「人間観察メモ」でした。彼は外出するときはいつでもメモを持ち歩き、興味をひく人物に出会うと、食堂や賭博場などであっても、その場で特徴を記録しました。見た目、しぐさ、年齢、職業などを推察しながら細かに記録し、新しい作品にとりかかる度にこのメモを見ながら人物像を膨らませていったのです。

何事も仕事に結びつけて考える習慣が、大きな成果を生み出します。

偉人たちの名言

インスピレーションは常に存在する。だがそれを得るためには、我々は絶えず行動していなければならない。
[パブロ・ピカソ] スペインの芸術家 | 1881-1973

準備しておこう。
チャンスはいつか訪れるものだ。
[エイブラハム・リンカーン] 第16代米国大統領 | 1809-1865

物事を始めるチャンスを、私は逃さない。
たとえマスタードの種のように小さな始まりでも、
芽を出し根を張ることがいくらでもある。
[フローレンス・ナイチンゲール] イギリスの看護教育学者 | 1820-1910

交渉は一歩も引くな

Don't back down when negotiating.

26 交渉は一歩も引くな

[ジェリー・ワイントローブ] 米国の映画プロデューサー | 1937 - 2015

『オーシャンズ11』、『ベスト・キッド』などの映画を世に送り出したプロデューサー、ジェリー・ワイントローブ。彼がまだ実績も無い音楽プロモーターだった頃の話です。彼はエルヴィス・プレスリーのコンサートツアーを何とか実現させたいと思い立ち、当時 " 大佐 " と呼ばれていた敏腕マネージャー、トム・パーカーに毎日電話をかけ続けました。その期間は1年間にも及び、ついに粘り強さと彼の魅力的な人柄が伝わり、エルヴィスの10年ぶりとなるツアーを実現させ、彼は100万ドルの現金を手にしました。また、大佐から気に入られた彼はグッズの売上金も受け取るように言われると「ノー」と答え、あくまでフェアな金額のみを受け取ったそうです。

どれだけ断られても退かない姿勢と誠実さがあれば、必ず相手は動くものです。

偉人たちの名言

弱者の譲歩は、恐怖を所以とする。
[エドモンド・バーク] イギリスの政治家 | 1729 - 1797

最初に言葉で譲歩すれば、その次にはだんだんと事実についても譲歩してしまうものだ。
[ジークムント・フロイト] オーストリアの精神分析学者 | 1856 - 1939

強い心で立ち向かっていく人には、向こうのほうが逃げ出し、降伏するのである。だから、断じて強気でいかねばならない。
[モンテーニュ] フランスの思想家 | 1533 - 1592

完璧さより、速さ

Speed. Not perfection.

27 完璧さより、速さ

[チャールズ・ダーウィン] イギリスの生物学者 | 1809 - 1882

「進化論」で知られるダーウィンですが、実はウォレスという研究者と共同で発表したことはあまり知られていません。大学卒業後、調査航海に出たダーウィンは、5年間かけて世界中の生物を観察して回りました。この旅で彼は「自然選択説」を着想するのですが、じっくりと研究を続けたため、その内容をなかなか発表しようとしませんでした。

そんな彼を急がせることになったのが、ウォレスです。ウォレスはダーウィンよりも若く、4年間の調査をたった2日で論文にまとめ上げました。しかもその論文の結論はダーウィンとまったく同じだったのです。焦ったダーウィンはすぐウォレスと連絡を取り、まず論文を共同で発表し、そこから1年の早さで研究の全容をまとめ、『種の起源』を出版しました。

正確さよりもスピードを優先すべき場面があることを忘れないようにしましょう。

偉人たちの名言

完璧を目指すより、まず終わらせろ。
[マーク・ザッカーバーグ] フェイスブック創業者 | 1984 -

長く待ち過ぎるより、早過ぎる行動に価値がある。
[ジャック・ウェルチ] 米国の実業家 | 1935 -

戦いは一日早ければ一日の利益がある。
まず飛び出すことだ。思案はそれからでいい。
[高杉晋作] 長州藩士 | 1839 - 1867

ビビリが勝つ

Cowardice wins.

28	ビビリが勝つ

[宮本武蔵] 剣術家 ｜ 1584頃-1645

生涯で60戦をして無敗だったという剣豪・宮本武蔵。彼は著書『五輪書』に、その戦術と心構えを記していますが、火の巻にはこうあります。「兵法よく心得て、道理つよく、その道、達者なるものにあひては、必ずまくると思う所也」。これは「自分よりも強い相手には必ず負けると思って臨むべきである」という意味で、武蔵の用心深さが表れています。佐々木小次郎を焦らせるためにわざと遅刻したという説がある巌流島の決闘ですが、彼は小次郎の「物干し竿」と呼ばれる長刀よりも、さらに長い四尺二寸（127cm）の木刀を自作して臨んだといわれています。

　自分の能力に驕りを持たず、相手と自分の差を冷静に判断することが勝利を導きます。

偉人たちの名言

真の勇気というものは、
極端な臆病と向こう見ずの中間にいる。
[セルバンテス] スペインの作家 ｜ 1547-1616

賢明な思考よりも、慎重な行動の方が重大である。
[キケロ] 古代ローマの政治家 ｜ BC106-43

誘惑に対する防御法はいろいろあるが、
最も確実な手段は臆病になることだ。
[マーク・トウェイン] 米国の小説家 ｜ 1835-1910

いつまで引っ張って もらうつもり?

How long will you allow yourself to be pulled?

29　いつまで引っ張ってもらうつもり？

[エイブラハム・リンカーン]　第 16 代米国大統領　│　1809 - 1865

「人民の人民による人民のための政治」という演説で有名なリンカーン。あるとき、彼は農場を経営する義理の兄弟から 80 ドルのお金を融資してくれと頼まれました。しかし、リンカーンはその申し出を断りました。実はこれまで何度か援助をしてきたものの、同じことが繰り返されていたからです。リンカーンは「あなたは怠け者ではありませんが、働き者でもありません」と言い、働き方を見直すように細かくアドバイスする手紙を出しました。その手紙はこう結ばれています。「あなたは私に対していつも親切でしたから、冷たくしようなどとは思っていません。その反対です。もしも私の助言に従っていただければ、この助言には 80 ドルの 8 倍の価値があることがわかっていただけると思います。親愛をこめて　あなたの兄弟　A・リンカーン」

　いつまでも誰かに甘え続けることはできません。自立のための努力を始めましょう。

偉人たちの名言

自らを助けようとしない者を救おうとしても無駄だ。
自分でハシゴを登る意思のない者を他人が
押し上げることはできない。
[アンドリュー・カーネギー]　米国の実業家　│　1835 - 1919

世界で最も素晴らしいことは、
自立の方法を知ることである。
[モンテーニュ]　フランスの思想家　│　1533 - 1592

日の光を借りて照る大いなる月たらんよりは、
自ら光を放つ小さな灯火たれ。
[森鷗外]　小説家・軍医　│　1862 - 1922

30　動機は、不純でいい

[トーマス・エジソン]　米国の実業家・発明家 ｜ 1847-1931

天才発明家・エジソンの若い頃のエピソードです。電信局で夜勤をしていたエジソンは、一定の間隔で電信を打って連絡を取り合う仕事をしていました。その発信があまりに時刻に正確なので、上司が理由をたずねようと彼を呼び出したのですが、応答がありません。不審に思い現場に駆けつけるとエジソンは寝ていました。彼は「自動電信送り出し機」に仕事をやらせてサボっていたのです。これがエジソンの最初の発明品でした。

　楽をしたい、快適な暮らしがしたい、といった人間らしい欲求が、世の中を変える大きなきっかけになります。

偉人たちの名言

欲望というものは、非常に強力な原動力である。
[アラン・ケイ]　米国の計算機科学者 ｜ 1940-

「欲は少ないほど良く、まじめにやれば幸福になれる」と昔から言われて来たが、"欲が少ない"ということ自体が、間違った真理であった。
[リヒテンベルク]　ドイツの科学者 ｜ 1742-1799

僕がスポーツを始めたのはどうしてだと思う？
女の子にモテたかったからさ。
[マイケル・ジョーダン]　米国のバスケットボール選手 ｜ 1963-

定跡だけじゃ勝てない
(じょうせき)

The standard moves will not lead you to victory.

31 定跡だけじゃ勝てない

じょうせき

[ガルリ・カスパロフ] チェス棋士・政治家 | 1963–

1985 年、ガルリ・カスパロフは弱冠 22 歳でチェスの世界チャンピオンになりました。そのパーティー会場で元世界チャンピオンの奥さんから、あることを言われます。「お気の毒に、人生最良の日はもう来ないのよ」。この一言は、彼のその後の苦しい戦いを暗示していました。チェスでは事前の研究が重要なので、カスパロフは専属のコーチを雇い、またコンピュータによる分析もいち早く導入しました。特に 序 盤 では、それまでの定跡（基本的な戦い方）から離れて、有力な新手を探し出す研究もしなければなりません。彼はこうした努力をひたすら続け、その後 15 年間、世界チャンピオンとして君臨し続けました。カスパロフはこう言っています。「成功は未来の成功の敵。同じ戦い方を続けていたら、やがて勝てなくなる」。

　勝ち続けるために、常に新しい戦略を模索しましょう。

偉人たちの名言

創造性を得るには、確実性を手放す勇気が必要である。
[エーリヒ・フロム] ドイツの精神分析学者 | 1900–1980

同じ戦法を手堅くとり続けるということは、
一見すると最も安全なやり方のように思えるが、長いスパンで
考えたら、実は最もリスキーなやり方なのである。
[羽生善治] 将棋棋士 | 1970–

戦略とは、既知ではなく、未知を扱うものである。
[マイケル・ポーター] 米国の経営学者 | 1947–

最初は抵抗が
大きいもの

Resistance is great at the start.

32 最初は抵抗が大きいもの

[グレゴール・ヨハン・メンデル] チェコの植物学者・司祭 | 1822-1884

　メンデルは植物学の研究によって、遺伝に関する「メンデルの法則」を発見したことで有名です。彼は修道院で働きながら、わずか 15m × 20m ほどの広さの庭で、8 年かけてエンドウマメの実験を行いました。しかし、研究の成果を学界で発表しても相手にされませんでした。わずかに交流のあった生物学界の重鎮・ネーゲリに論文を送るも、理解されずに送り返されてしまいます。彼の論文は、統計的な処理をした近代的なやり方をしていたため、生物の専門家には数学がわからなかったのです。彼の論文「植物雑種の研究」は、34 年後にオランダのド・フリースらの研究者たちによって "再発見" され、彼らはこれからやろうとした研究がたった一人の人間によって既に完成されていたことに驚いたといいます。

　先駆者は必ず大きな抵抗にあうものです。腐らずに、自分の道を進み続けましょう。

偉人たちの名言	私が発明を始めた頃、成功すると予測した新聞記事は全体の 6%だった。 [トーマス・エジソン] 米国の実業家・発明家	1847-1931
	鳥が大気の抵抗に逆らって飛び立つように、逆境に挑む力こそが、人間を飛翔させるのだ。 [ロア＝バストス] パラグアイのジャーナリスト	1917-2005
	全ての偉大な真理は、最初は冒涜の言葉として出発する。 [バーナード・ショー] イギリスの劇作家	1856-1950

発表する機会が
あるから伸びる

The opportunity to present allows us to grow.

33　発表する機会があるから伸びる

[デモステネス]　古代ギリシャの弁論家・政治家 ｜ BC384-322

弁論や演説の名手と伝えられるデモステネスですが、彼が初めて聴衆の前で演説したときは、ヤジが飛び交い、まともに聞き入れる人はいませんでした。そこで役者をやっていた友人サチラスからアドバイスを受け、演説の内容よりも、まず声と演技の訓練を始めました。デモステネスは稽古用の地下部屋で、大きな姿見を置いて自分の姿勢とジェスチャーを研究し、発音を明瞭にするために口の中に砂利を入れて練習しました。あるときは自分の髪の毛を半分だけ剃って、外に出られないようにして篭って訓練したといいます。

人前で恥をかくことは、更なる努力のきっかけになります。思い切って発表の場に臨みましょう。

偉人たちの名言

してみて、良きにつくべし。せずば善悪定めがたし。
（舞台で実際に演じてみて、良いほうを採用すべきです。
演じてみずにどちらが良いか決めることはできません）
[世阿弥]　能楽の作者・役者 ｜ 1363-1443

マイルス・デイヴィスはブーイングを浴びた。ハンク・ウィリアムズもブーイングを浴びた。ストラヴィンスキーもブーイングを浴びた。あなたもたまにブーイングを浴びないと何者でもなくなる。
[ボブ・ディラン]　米国のミュージシャン ｜ 1941-

ぼくは見たり、聞いたりするが、それ以上に試すことをやっている。種を明かせばこれ以外に無い。
[本田宗一郎]　HONDA 創業者 ｜ 1906-1991

慣れたころが
いちばん危ない

When you get used to something is when it's most dangerous.

34　慣れたころがいちばん危ない

[徳川家康]　武将・戦国大名 ｜ 1543 - 1616

1600 年 10 月 21 日、午後 4 時頃に関ヶ原の戦いが終わり、家康率いる東軍が勝利を収めて、天下人としての立場を確立しました。土砂降りの雨が降る中、家康は本陣から疲弊した兵士たちにある指示を出しました。「この雨で夕飯炊きはできまい。みな空き腹を抱えているであろうが、焦って生米を食べれば必ず腹を壊す。これから米を水に浸し、午後 8 時までふやかして、よく噛んで食うように伝達せよ」。指令を受けた者がそれを伝えて回ると、戦についての重大な指示かと思った武士たちは、「何だ、米のことか」と笑いました。しかし、指示通りにふやけた米を食べ始めると、苦戦を制した喜びに安堵せず体調を気づかってくれた家康に対して深く感謝したといいます。

　物事が順調に進んでいるときこそ、注意を怠らないようにしましょう。

偉人たちの名言

轢かれる危険が最も多いのは、
ちょうど一つの車を避けた時である。
[フリードリヒ・ニーチェ]　ドイツの哲学者 ｜ 1844 - 1900

必死に戦っている時よりも、うまくいっている時のほうが心配だった。
何もかもが順調な時は、突然何かが台無しになるのではと、
気になって仕方なかった。
[ウォルト・ディズニー]　ウォルト・ディズニー社創業者 ｜ 1901 - 1966

上天気の日に嵐のことなど考えても見ないのは、
人間共通の弱点である。
[マキャヴェッリ]　イタリアの政治思想家 ｜ 1469 - 1527

35　楽しいって理屈じゃない

[土門拳]　写真家 | 1909-1990

　日本の著名人や庶民、寺院や仏像など、日本を撮り続けた土門拳は、30歳のときに奈良の室生寺を訪ね、「日本人の心」を見つけたと言われています。そして、その後40年間、何度もこの場所に通い詰め、夢中になって撮影する様は「撮影の亡者」と言われるほどでした。また、多くの枚数を撮るのをいとわず「一見無駄になった何十コマのフィルムは、ものになった一コマの中に密度とかコクとかスケールとなって、その一コマを強固に支えるのだ」と説明しました。彼は50歳を過ぎてから全国の『古寺巡礼』をライフワークとして開始し、69歳のときには初めて、雪景の室生寺の撮影に成功しました。このとき土門は車椅子の生活でしたが、天気を待って近くの病院で待機していたのです。

　自分が本当に打ち込める対象は、理屈ではなく、心と体で感じ取るものです。

偉人たちの名言

私は生涯に一日も仕事をしたことがない。
それらは、すべて心を楽しませることであったから。
[トーマス・エジソン]　米国の実業家・発明家 | 1847-1931

私が科学研究を行うのは、
自然の不思議を理解したいという抑え難い願いからです。
それ以外の感情が動機というわけではありません。
[アルベルト・アインシュタイン]　ドイツの物理学者 | 1879-1955

素晴らしい仕事をするには、自分のやっていることを
好きにならなくてはいけない。まだそれを見つけていないのなら、
探すのをやめてはいけない。
[スティーブ・ジョブズ]　アップル社創業者 | 1955-2011

ひとりでは行けない境地がある

Certain frontiers cannot be ventured alone.

36 ひとりでは行けない境地がある

[アンドリュー・ワイルズ]　イギリスの数学者 ｜ 1953 –

ワイルズは 10 歳のときに図書館で数学界の難問「フェルマーの最終定理」を知りました。この問題には歴代の数学者が取り組んできましたが、誰も解けませんでした。

ワイルズは数学者となり、屋根裏部屋で 7 年間この研究に没頭します。その間、ゲルハルト・フライが「日本の数学者・谷山豊と志村五郎による『谷山＝志村予想』を証明することができれば、フェルマーの最終定理も証明したことになる」とアイデアを挙げました。この推論が正しいことをケン・リベットによって証明されると、ワイルズは「感電したようなショックを受けた」といいます。そして 1995 年、「フェルマーの最終定理」は 350 年もの時を経て、ワイルズによって証明されました。彼は偉大ですが、その背後には多くの数学者たちの努力の集結がありました。

大きな志を成し遂げるためには、先人たちの残した叡智や、同時代を生きる仲間の協力が必要不可欠です。

偉人たちの名言

もし、私がより遠くを見ているとしたら、
それは、先人の肩の上に立っているからです。
[アイザック・ニュートン]　イギリスの自然哲学者 ｜ 1642–1727

成功したいと思うなら自己中心的でなければいけない。
だが、もし最高のレベルに達したなら自己中心的であってはいけない。
他人とうまく付き合い、一人になってはならない。
[マイケル・ジョーダン]　米国のバスケットボール選手 ｜ 1963 –

成功を自分ひとりの努力によるものだと主張することは、
浅はかで傲慢なことだ。どんな優れた業績も、多くの人の手と心と
頭に助けてもらって、はじめて可能になるのだから。
[ウォルト・ディズニー]　ウォルト・ディズニー社創業者 ｜ 1901–1966

RELAX

リラックス

リラックス王になれ

Be the king of relaxation.

37	# リラックス王になれ

[ドミトリ・メンデレーエフ]　ロシアの化学者 ｜ 1834‒1907

メンデレーエフは、化学の元素周期表の原型を作った人物として有名です。彼の時代では、物質には性質のよく似たもの同士があるのはわかっていたのですが、規則性はよくわかっていませんでした。

ところで、メンデレーエフは「ソリティア」（一人でできるトランプゲーム）が大好きで、暇さえあれば遊んでいました。あるとき、彼は面白半分でトランプに元素名とその性質を書き込んでいきました。そして、それをパラパラと並べているうちに規則性を見出したのです。当時、判明していた 63 の元素をすべて表にすることができ、空欄になったところには未発見の元素があるはずだと予想し、後年、その予想が正しかったことが証明されました。

普段の遊びが思わぬ形で仕事に結びつくことがあります。ときには、遊びにのめりこむことも大事です。

偉人たちの名言

暇な時間は、かけがえのない財産である。
[ソクラテス]　古代ギリシャの哲学者 ｜ BC469頃‒399

精神にとって、休閑期は種まき時と同じように重要だ。肉体だって耕作しすぎたら疲れてしまう。
[バーナード・ショー]　イギリスの劇作家 ｜ 1856‒1950

楽しみのない人生は、油のないランプである。
[ウォルター・スコット]　スコットランドの小説家 ｜ 1771‒1832

一日の終わりに
贅沢を

Enjoy a little extravagance at the end of the day.

38 　一日の終わりに贅沢を

[ココ・シャネル]　フランスのファッションデザイナー ｜ 1883-1971

女性のファッションに革命をもたらしたココ・シャネル。昼は一心不乱に働いた彼女ですが、夜になると自宅にジャン・コクトー、ピカソ、ストラヴィンスキーといった同時代の芸術家たちを集め、一緒に音楽や食事を楽しんだそうです。そして彼女は芸術家たちとの交流の中で、様々なセンスを磨いていきました。シャネルはこう言っています。「昼は毛虫に、そして夜は蝶におなりなさい」。ここでの"毛虫"とは仕事をするときのシンプルで動きやすい服装、"蝶"とは華やかな場でのエレガントな服装を指します。

　夜の充実した時間が、昼の成果をさらに伸ばします。

偉人たちの名言

ジョージ・ハーバートは「夜は魂を脱ぎ捨てよ」と言っている。これは内省をしろというのではなく、着物を脱ぐようにすっぽりと魂を脱ぎ捨てるのだ。その一日をなすこともなく過ごした罪も、誤りを犯した罪も、ともに脱ぎ捨てれば、翌朝新しい生命を持った新しい人間として、目覚めるだろう。
[ウィリアム・オスラー]　カナダの医学者 ｜ 1849-1919

真の贅沢というものは、ただ一つしかない。
それは人間関係の贅沢だ。
[サン＝テグジュペリ]　フランスの作家 ｜ 1900-1944

真夜中に深刻な問題を解決しようとしてはいけない。
[フィリップ・K・ディック]　米国のSF作家 ｜ 1928-1982

たまには
子どもに戻ろう

Let's go back to being a kid at times.

39 たまには子どもに戻ろう

[南方熊楠] 博物学者・民俗学者 | 1867-1941
みなかたくまぐす

南方は博物学者で、特に菌類の研究で知られる人物です。十数カ国語を操る語学力があり、「歩く百科事典」と呼ばれていましたが、周囲からは変人と思われることもありました。故郷・和歌山で生活する彼は、夏の間はほぼ裸で暮らしており、よく腰巻き一枚と草履だけで山の中を採集に出かけていたそうです。また天皇の前で自然について講義をした際に、粘菌をキャラメルの空き箱に入れて献上して周囲を驚かせました。南方は「無尽無究の大宇宙の大宇宙のまだ大宇宙を包蔵する大宇宙を、たとえば顕微鏡の一台買うてだに一生見て楽しむところ尽きず」と書いていますが、彼は生涯にわたって、子どものような視点で世界を見続けたのでしょう。

大人になってからも、子どものような好奇心を持ち続けましょう。

偉人たちの名言

天才の秘密は、子どもの時の精神を
大人になっても持ち続けるということだ。
つまり、それは自分の情熱を失わないということである。
[オルダス・ハクスリー] イギリスの小説家 | 1894-1963

われわれの中にあって、一番価値のあるものは、
子どもの心である。
[ウォルト・ディズニー] ウォルト・ディズニー社創業者 | 1901-1966

私の頭の中を切ってみてごらんなさい。中は13歳よ。
[ココ・シャネル] フランスのファッションデザイナー | 1883-1971

役に立つだけが
ものづくりじゃない

Craftsmanship is not only about making useful things.

40	役に立つだけがものづくりじゃない

[ジャン゠フランソワ・ミレー]　フランスの画家 ｜ 1814 - 1875

『落穂拾い』など、農民のつつましい暮らしを描いた画家として知られるミレーですが、華々しい評価は晩年まで与えられませんでした。ある日、友人が裕福なパトロンを連れてきて「彼の絵を買ってくれませんか」と頼むと、その人物はミレーの絵を見ながら言いました。「本腰を入れて裸婦画を描くのなら買ってあげてもよい。あなたは貧しい農民ばかりを描きたがっているようだが、これは金持ちに反感を抱いているせいではないか」。すると、ミレーは穏やかに反論しました「芸術は憎しみや怒りから生まれるものではありません。芸術の根底にあるのは愛の心です。私が農民を描くのは、彼らの真実の生活を愛するからです」。そしてミレーはパトロンの提案を断り、その後も農民を描き続け、評価を得ていきました。

　利益よりも、自分の持つ純粋な気持ちを優先すべき場面があります。

偉人たちの名言

素晴らしい詩や美しい物語が、何の役に立つのかと尋ねることは、愚かなことだ。例えば、カナリアの歌声や夕映えが生活に不可欠かどうかを、日常の言葉で立証しようとするようなものだ。
[ホルヘ・ルイス・ボルヘス]　アルゼンチンの詩人 ｜ 1899 - 1986

効果だと？　影響だと？　役に立つかどうかだと？
人間は自分のなすべきことをなせばよいのだ。
仕事の成果は、自分以外の人が気にかけることだ。
[トーマス・カーライル]　スコットランド出身の歴史家 ｜ 1795 - 1881

芸術は売れなくてもいい。好かれなくてもいい。
芸術は認められなくてもいい。成功しなくてもいい。
自分を貫いてぶつけて無条件に自他に迫って行くことが芸術だ。
[岡本太郎]　芸術家 ｜ 1911 - 1996

急ぐときも優雅に

Be graceful even when you are in a hurry.

急ぐときも優雅に

41

[小早川隆景（たかかげ）] 戦国時代の武将 | 1533-1597

小早川隆景は毛利元就（もとなり）の三男として生まれ、毛利家の発展に尽くしました。あるとき、彼は城内につとめる書記係に対して「急用のことなり、静かに書すべし」と諭（さと）しました。急な事態のときこそ、冷静に記録すべきだと言ったのです。また、彼は能力の高さで黒田孝高（よしたか）と並び称されましたが、孝高の判断能力の早さと正確さを認めた上で、「私は潜思（せんし）熟考（じゅっこう）して、しかるのちに孝高の即断するところに達するのだが、後悔することは少ない」と自己分析しています。

急がねばならない状況でこそ、取り乱さず、冷静に対処しましょう。

偉人たちの名言

ゆっくり急げ。
[アウグストゥス] 古代ローマの皇帝 | BC63-AD14

大事だ、大事だと重大さに気をとられると、いい判断はできない。重大なことも鼻歌まじりで、大したことないと考えた方がいい判断ができる。
[鍋島直茂（なべしまなおしげ）] 戦国時代の武将 | 1538-1618

焦ることは何の役にも立たない。後悔はなおさら役に立たない。焦りは過ちを増し、後悔は新しい後悔を作る。
[ゲーテ] ドイツの詩人・劇作家 | 1749-1832

COMMUNICATION

コミュニケーション

バカのフリをしよう

Pretend to be ignorant.

42 バカのフリをしよう

[赤塚不二夫] 漫画家 | 1935-2008

『天才バカボン』、『おそ松くん』などで知られるギャグ漫画家・赤塚不二夫。彼は一流の漫画家であり、人の意見をうまく取り入れる名プロデューサーでもありました。フジオ・プロでは、スタッフたちとアイデア会議をしながら漫画を作る独特の方式を取っており、アシスタントの古谷三敏は優れたギャグのアイデアを提供し、高井研一郎はキャラクター造形の才を発揮して「イヤミ」や「ニャロメ」といった名キャラクターを生み出しました。赤塚はこう語っています。「自分が偉いと思っていると、他人は何も言ってくれない。そしたらダメなんだよ。てめぇが一番バカになればいいの」。

人の能力を引き出すために、バカのフリをする勇気を持ちましょう。

偉人たちの名言

大賢は大愚と見せるにあり。
[カト・ケンソリウス] 古代ローマの政治家 | BC234-149

われわれは、賢明になるためには、
まず馬鹿にならなければならない。己を導くには、
まず盲目にならなければならない。
[モンテーニュ] フランスの思想家 | 1533-1592

正直に自分の無知を認めることが大切だ。
そうすれば、必ず熱心に教えてくれる人が現れる。
[ウォルト・ディズニー] ウォルト・ディズニー社創業者 | 1901-1966

近づくなオーラ、禁止

The "don't come near me" aura is forbidden.

43 近づくな オーラ、禁止

[ガイウス・ユリウス・カエサル] 古代ローマの将軍・政治家 ｜ BC100-44

共和政ローマ期の政治家、軍人であり「賽は投げられた」などの言葉で有名なカエサル。彼は数々の戦争で勝利して終身独裁官に就任すると、元老院の機能を低下させ、権力が自分に集中するようにしました。そしてカエサルは「世の人は、私に向かって今やいっそう慎重に話しかけねばならぬ。私の発言は法律とみなされるべきだ」とまで言うようになったのです。すると、この驕り高ぶった態度に反感を覚える者たちが現れ、彼は紀元前44年に暗殺されてしまいました。暗殺の共謀者は60名を超えていたといいます。

　結果が出ると、本人も気づかぬうちに傲慢になってしまうことがあります。周囲の人への感謝を持ち続けましょう。

偉人たちの名言

私たちの一人一人が、自分の周りに垣根を築き上げるためでなく、
垣根を取り外すためにエネルギーを費やせば、
世界はもっと平和な場所になるでしょう。
[ジェラルド・G・ジャンポルスキー] 米国の精神医学者 ｜ 1925-

もし君が人に愛されようと思うなら、
まず君が人を愛さなければならない。
[セネカ] 古代ローマの哲学者 ｜ BC4頃-AD65

地位ますます高くなれば、
いよいよ謙虚にならなければならない。
[キケロ] 古代ローマの政治家 ｜ BC106-43

かわいく謝ろう

Apologize in a cute way.

44 かわいく謝ろう

[野口英世] 細菌学者 | 1876-1928

千円札のお札の顔として有名な野口英世ですが、彼には放蕩（ほうとう）（遊びにお金をたくさん使う）癖があり、人に借金を頼むのが習慣となっていました。恩師である血脇守之助（ちわきもりのすけ）に手紙で借金を頼むときには「血脇恩師閣下（かっか）」と大げさな敬語を用い、「このほどは無謀なるねだりを申候（もうしそうろう）、実に赧顔の極みに御座候（ごぞそうろう）」といった具合に謝罪状や礼状を書いていました。また在米時代を知るアメリカ人は「ノグチはついヘルプしてみたくなる男だ。一つのことに没頭して他を顧みない純粋さがつい周りのパトロナージュ（支援）を呼び起こさせる」と言っています。

　周囲の人が思わず許してしまうような、人間味あふれる魅力を身につけましょう。

偉人たちの名言

トップに立つ人は、泥をかぶる覚悟で仕事に立ち向かえ。
それでだめだったら潔くシャッポ（帽子）を脱いで謝る。
[井深大（まさる）] ソニー創業者 | 1908-1997

理性をむき出しに表さないで、愛嬌というか、人情というか、
ともかくそうしたたぐいの衣装を着せて出すことが必要である。
[本多静六（せいろく）] 林学博士・造園家 | 1866-1952

昔の政治家や財界人は愛嬌があって、それが周囲の協力を
取り付けるもとになっていました。
[堤清二] 実業家・小説家 | 1927-2013

匿名で口出さない

Don't hide when you express yourself.

45　匿名で口出さない

[白洲次郎]　官僚・実業家 ｜ 1902 - 1985

吉田茂首相のブレーンとして活躍した白洲次郎は、粘り強い交渉力と言いたいことを率直に口に出す性格で、GHQ から「従順ならざる唯一の日本人」と言われていました。そんな白洲は、ある経済団体が政府に対して「清新にして強力な政権を望む」という声明を出したことに腹を立てました。やるべきことをやらず、政府からの補助金を頼り、曖昧な要望を出す団体に嫌気がさしたのです。「団体屋は団体屋特有の作文製造癖がある」と言い、集団に隠れた無責任さがそのような言葉につながるのだと批判しました。白洲は次のように述べています。「意見の云いたい人は堂々と個人の資格で云うべし。何とか団体とかいう名にかくれて、数をたのんで、さも全会員の意志を代表する様な顔をしてやるのはやめてもらいたい」。

　間違っていると思うことは、自分の名前を出して堂々と主張しましょう。

偉人たちの名言

ただ傍観して、不平を言っていてはいけません。あなたがたは「誰か」が行動を起こすのを待っているのでしょうか。行動を起こさなければならないのは、まさに、あなたがた自身なのです。
[ワンガリ・マータイ]　ケニアの環境保護活動家 ｜ 1940 - 2011

どんな愚者でも批判し、非難し、文句を言うことはできる。そして、多くの愚者がそうする。
[デール・カーネギー]　米国の著述家 ｜ 1888 - 1955

あら探しをするより改善策を見つけよ。不平不満など誰でも言える。
[ヘンリー・フォード]　フォード・モーター社創業者 ｜ 1863 - 1947

警戒すると、
警戒される

Be cautious toward others and others will be cautious toward you.

46 警戒すると、警戒される

[エリザベス一世] イングランド王国の女王 ｜ 1533-1603

エリザベス一世は、25歳で女王の座につきました。美しい容姿と教養とを兼ね備えていた彼女には、諸国の王族から求婚が多くなされました。しかし、エリザベスは結婚には煮え切らない態度をとり続け、生涯独身を貫きました。かつて、エリザベスの母親が不貞を働き国王（エリザベスの父）への反逆として処刑されたことや、姉メアリーの結婚が三度もうまくいかなかったことを間近で見てきた彼女は、結婚に対して用心深くなっていたのです。彼女の周りには、交渉のための外国特使が10人近く常駐していましたが、女王の態度に振り回され続けたある特使はこう愚痴をこぼしています。「この女性と交渉するのは大変骨が折れます。女王は身のうちに、十万匹もの悪魔を飼っているに違いありません」。

相手を警戒しすぎて、大切な機会を失わないように注意しましょう。

偉人たちの名言

人々が孤独なのは、
橋を架ける代わりに壁を築いているからである。
[ジョセフ・フォート・ニュートン] 米国の牧師 ｜ 1876-1950

絶えず警戒し続けることの必要が、
ついには恋し合う人たちを疲労させてしまう。
[アルフレッド・ド・ヴィニー] フランスの劇作家・詩人 ｜ 1797-1863

人の心はパラシュートのようなものだ。
開かなければ使えない。
[アレックス・オズボーン] 米国の実業家 ｜ 1888-1966

隣のものはよく見える

What is not yours looks better.

47 隣のものはよく見える

[勝海舟] 幕末の武士・政治家 | 1823-1899

勝麟太郎（のちの勝海舟）は、父親が早くして隠居してしまったため、16歳のとき家督を継ぎました。しかし、家に財産と呼べるものはなく、多くの借財があるのみでした。ある正月、家には門松も飾られず、食べる餅もありませんでした。まだ幼い妹のことを考えて、麟太郎は恥を忍んで母親の生家を訪ね、夕食をごちそうになりました。

みやげをもらって帰る途中、風呂敷が破れて中の餅が落ちました。暗い中、餅を拾い集めていると麟太郎は自分が情けなくなったといいます。「大望を抱いて、ひとかどの人間になろうと心がけている自分が、親類に泣きついて食べ物をもらってくるとは。これではさしたることもできずに一生を終わってしまうに違いない」。そう考え、麟太郎は橋の上から隅田川へ餅を投げ捨てたそうです。

他人の持っているものが魅力的に映るときこそ、自分の志にしっかりと目を向けましょう。

偉人たちの名言

他の富めるをうらやまず、身の貧しきを嘆かず。
[小林一茶] 江戸時代の俳人 | 1763-1828

誰もが自分の選んだ運命や偶然与えられた運命に満足せず、他の道を歩んだ人々をうらやむのはどういうわけだろう。
[ホラティウス] 古代ローマの詩人 | BC65-8

妬みによって幸福になる人間はどこにもいない。
[バルタザール・グラシアン] スペインの神学者 | 1601-1658

主導権を渡そう

Hand over the lead.

48	# 主導権を渡そう

[ビュフォン] フランスの博物学者 ｜ 1707-1788

裕福な家庭に生まれたビュフォンは自然科学の分野で功績を残しました。しかし、彼はもともと朝寝坊する癖があり、そんな自堕落（じだらく）な性格を直そうと、召使（めしつかい）に朝6時に起こしてくれるたびに銀貨を支払うというルールを作りました。ときに「もう少し寝かせてくれ」と泣きついたり、「なぜ約束の時間に起こしてくれなかったのか」と怒ったりもしましたが、背中に水を流し込まれて起こされたりしながら、ビュフォンは朝寝坊を改めることができました。彼は博物学誌を36巻も出し、ベストセラーになっていますが「博物学に関する私の著作のうち3、4巻は召使のジョゼフの力に負うところが大きい」と語っています。

　自分をうまくコントロールするために、他人の力を借りることを考えてみましょう。

偉人たちの名言

法と支配者と、自分より賢明な人に従うことは、
節度のあることである。
[ストバイオス] ギリシャの作家・編者 ｜ 5世紀頃

従順（じゅうじゅん）な妻というものは、
夫に従うことで夫を支配する。
[ププリリウス・シルス] 古代ローマの詩人 ｜ 紀元前1世紀頃

人に従うことを知らないものは、
良き指導者になりえない。
[アリストテレス] 古代ギリシャの哲学者 ｜ BC384-322

恨んだら
自分が損をする

Holding a grudge is only a loss for you.

49 恨（うら）んだら自分が損をする

[韓信（かんしん）] 古代中国の武将 | BC231-196

漢の劉邦（りゅうほう）に仕えて数々の武功を打ち立てた韓信ですが、彼の幼少時は貧乏でした。居候（いそうろう）をしていた家ではろくに食事も与えられなかったため、近所の老婆に助けられながら、川で釣りをして飢えをしのぎました。そんな折に、町の子どもから「お前は大きい図体をして剣まで下げているが、実はこけおどしで人なんか斬れないだろう。もし斬れるというのなら試しに俺を斬ってみろ。斬れないのなら俺の股をくぐれ」と言われました。屈辱に耐えながら、韓信は黙って股をくぐり、よけいに馬鹿にされました。

韓信が大成してから故郷に帰ったとき、昔世話をしてくれた老婆に恩賞を与えましたが、股をくぐらせた男に対しても「あのとき私はこの男を斬り殺して自分も死のうと思ったが、それでは犬死にだと思い返して、じっと辛抱したので今の地位を得た。この男はいわば恩人である」と言って地位を与えたのです。ひどい仕打ちを受けたとしても、その経験を自分の人生に大きく活かすことができます。

偉人たちの名言

怒りを抱くことは、熱い炭をつかんで誰かに投げつけようとするようなもの。火傷（やけど）をするのは、あなた自身である。
[釈迦（しゃか）] 仏教の開祖 | BC7-5 世紀頃

人から受けた不正をいつまでも恨むのは有害なだけだ。
その上、大抵は無益でもある。恨みは急いで払いのけて、
元気を失わないようにするのが一番良い。
[カール・ヒルティ] スイスの法学者・哲学者 | 1833-1909

怒りは一時的な狂気である。この感情を抑えなければ、
人生は狂気の世界に征服されてしまう。
[ホラティウス] 古代ローマの詩人 | BC65-8

HABIT

習慣

食べすぎは、後悔の味

Binge and you will only taste regret.

50 食べすぎは、後悔の味

[ベーブ・ルース] 米国のプロ野球選手 | 1895-1948

野球を米国での不動の人気スポーツに引き上げた、ホームラン王のベーブ・ルース。数々の記録を作り、すでに国民的ヒーローだった30歳のとき、ある問題を抱えることになりました。ベーブは自分で「クギを食べられるくらい」と言うほど胃が丈夫で大食いでしたが、三度の食事の合間にも好物のホットドッグ、ホットケーキ、ソーダ水などを胃に詰めこみ、夜は浴びるようにお酒を飲みました。そんな生活がたたり、体重は100kgを超え、バットのスイングは力を失い、外野を守っていても走れなくなってしまったのです。挙句の果てには腹痛や高熱に悩まされダウンすることになりました。その後、監督や恩師のマシアスから叱咤されて生活を改善し、翌年以降も新たな記録を作っていきましたが、暴飲暴食がいかに体調に悪影響を与えるかが分かります。

　一時の快楽に流されないように、食事をコントロールする習慣をつけましょう。

偉人たちの名言

大抵の人は、剣によるよりも、
飲みすぎ食いすぎによって殺される。
[ウィリアム・オスラー] カナダの医学者 | 1849-1919

どんな美味しい食べ物も、痩せているという
快感にはかなわない。
[ケイト・モス] イギリスのファッションモデル | 1974-

この世で一番勇気があるのは、ピーナッツを一つだけ食べて、
そこでやめられる男だ。
[チャニング・ポロック] 米国の劇作家 | 1880-1946

姿勢ひとつで
印象は変わる

Your posture alone will determine others' impression of you.

51　姿勢ひとつで印象は変わる

[大山康晴]　将棋棋士・十五世名人 ｜ 1923-1992

　タイトル獲得数 80 を誇る棋士・大山康晴は、13 歳で内弟子として修行を始めました。そこでは将棋の勉強だけでなく、生活における様々な礼儀作法も学びました。あるとき「人の真似のできぬことを身につけなさい」と言われて、大山は自分には行儀よく座って将棋を指すことしかできないから、とにかく姿勢よく指すことを心がけたといいます。こうした結果、大山は対局中に形勢が良いときも悪いときも姿勢が崩れないことから、" 精密機械 " と呼ばれ、一日中、正座していても苦痛ではなかったといいます。彼は、姿勢を正しくすることは盤面を一番見やすくすることであり、正しい判断をする上で重要なことだと語っています。

　普段の生活や仕事中の姿勢を正して、その効果を実感してみましょう。

偉人たちの名言

家から出る時は、姿勢を正し深呼吸すること。
出会う人々には笑顔で接し、握手には心をこめること。
[エルバート・ハバード]　米国の作家・教育者 ｜ 1856-1915

「気分を変えよう」と考えてはならない。気分は考え方で変えられるものではない。そうではなく、姿勢を変えて、適当な運動でも与えてみることが必要なのだ。なぜなら、われわれの中で、運動を伝える筋肉だけがわれわれの自由になる唯一の部分であるから。
[アラン]　フランスの哲学者 ｜ 1868-1951

体の坐りが悪いと、顔の据わりも悪い。
それは、自信と集中に欠けている証拠だ。
[大山倍達]　空手家・極真会館創設者 ｜ 1923-1994

だらしないとこ、見られてる

Your laziness is being watched.

52 だらしないとこ、見られてる

[織田信長] 戦国時代の武将 | 1534-1582

織田信長が桶狭間の戦いに勝利し、美濃を手中におさめた頃、天下を狙う上での強敵がいました。それが甲斐の武田信玄で、なんとか味方につけたいと思った信長は、四季折々に豪華な贈り物を届けました。

あるとき、信玄はその贈り物を入れた漆塗りの外箱に目をつけ、刃を立ててガリガリと削りました。漆は何層にも重ねられた立派なもので、信玄は思わずうなりました。「信長という男、食わせ者かと思ったがなかなかできる。贈り物の外箱などというものは一度塗りの漆で十分なもの。ところが信長はこのような丹精込めた漆塗りを贈って寄こした」。こうして信長は、疑い深い信玄からも一目置かれるようになったのです。

見られていないと思って油断をしている所を、人は見ているものです。どんなときも、気を緩めずに行動しましょう。

偉人たちの名言

大事なことは、些細と思われること、平凡と思われることも、おろそかにしない心がけである。
[松下幸之助] 松下電器創業者 | 1894-1989

一時の懈怠（なまけること）、すなわち一生の懈怠となる。
[吉田兼好] 鎌倉時代の随筆家 | 1283-1352

偉大な大工は、誰も見ないからといって、床裏にひどい木材を使ったりはしない。
[スティーブ・ジョブズ] アップル社創業者 | 1955-2011

美は一日にしてならず

Beauty was not made in a day.

53 美は一日にしてならず

[オードリー・ヘップバーン] イギリスの女優 | 1929-1993

今もなお多くの人が「理想の女性」として挙げるオードリー・ヘップバーンですが、彼女は自分の容姿にコンプレックスを持っていました。特に角張ったあごのライン、小さい目、短足が嫌いだったそうです。しかし、その欠点が、あごのラインを隠すアリアーヌ巻きや大きなサングラス、サブリナシューズなどのファッションを生み出しました。また、彼女の美に対するこだわりは強く、映画の衣装合わせの際も自分の長所が出るようにアイデアを出し、仮縫い作業では10時間もかけて細かく修正したこともありました。メイク担当やカメラマンも、オードリー自らが信頼を置く人物を指名したそうです。メディアからその美を称賛されるたびに、彼女はこう答えていました。「それは美しいメイクアップのおかげよ」。

美は生まれつきのものではなく、自己分析と修練によって獲得するものです。

偉人たちの名言

若くて美しいことは、自然のいたずら。
年をとっても美しいことは芸術です。
[エレノア・ルーズベルト] 婦人運動家・米国大統領夫人 | 1884-1962

この世界には、醜い女性なんてひとりもいない。
美しくなる要素はみな同じように持っています。
ただ、自分を磨こうとするかしないか。その違いだけです。
[エスティ・ローダー] 米国の化粧品会社創業者 | 1906-2004

美の対極にあるのは醜さではない。無関心である。
[エリ・ヴィーゼル] ルーマニア出身の作家 | 1928-

ふりはらえ、雑念

Shake off the idle thoughts.

54	ふりはらえ、雑念

[武田信玄] 戦国時代の武将 | 1521-1573

「甲斐の虎」の異名で知られる名将・武田信玄が、信濃の国に攻め入ったときのことです。本陣のそばの木に鳩がとまり、それを見た家臣たちが喜んでいたので、信玄は理由を尋ねました。「古来より、鳩が本陣の木にとまるということは、合戦に大勝する兆しといわれております。大変、縁起のよいことです」。信玄は黙ってこれを聞くと、突然、鉄砲を手に取り、その鳩を撃ち落としてしまいました。驚く兵士たちに信玄はこう諭しました。「鳩が来たら縁起がいいと喜ぶ者は、次に鳩が来なかったら今度は不安を抱くに違いない。そうすれば全軍の士気が下がる。戦わずして負けたも同然ではないか。些細なことを信ずる惑いを解いたのだ」。

自分に甘い考え方を振り払える、意志の強さを持ちましょう。

偉人たちの名言

雑念をやめ、静かなときも動くときも心を同じにするのがよい。
何かひとつだけのことを考えるならば雑念が自然となくなり、
素早く実行できる。
[高杉晋作] 長州藩士 | 1839-1867

ありのままに見、あるがままに行動できる者を
勇者と呼ぶ。
[チャールズ・キャロル・エバレット] 米国の哲学者 | 1829-1900

「かまわん、気にせんとこ!」
（鬼門の場所に工場を建設する事を決めたときの言葉）
[松下幸之助] 松下電器創業者 | 1894-1989

コソコソ禁止

Don't be sneaky.

55	コソコソ禁止

[マリリン・モンロー] 米国の女優 | 1926‐1962

20世紀を代表する女優であるマリリン・モンローですが、あるとき、彼女がお金に困っていた頃に撮影したカレンダーのヌード写真が暴露されてしまいました。これまでのキャリアが台無しになると考えた映画会社は、知らないフリをするように言いました。しかし、マリリンは嘘をつくことはできず、また、そのことを恥じてもいなかったので、雑誌のインタビューでこう告白しました。「私はカレンダーに載った。私は少数の人のものにはなりたくないわ、みんなのものでありたいの。私は仕事で疲れて帰ってきた男たちに、この写真を見て『ワオ!』と言ってもらいたいの」。この赤裸々な告白は瞬く間に広まり、大きな宣伝となって、より多くのファンを獲得することになりました。

　隠しごとをせずに堂々と振る舞えば、信用と好感が得られます。

偉人たちの名言	良心に照らして少しもやましいところがなければ、 何を悩むことがあろうか。何を恐れることがあろうか。 [孔子] 中国春秋時代の思想家	BC552‐479
	あなたに対する扇動、嘘や中傷などには、堂々としていることです。 堂々たる落ち着きが、そういうことには唯一の武器です。 [ヘンリック・イプセン] ノルウェーの劇作家	1828‐1906
	ただはつらつとした行動によってのみ、 不愉快なことは克服される。 [ゲーテ] ドイツの詩人・劇作家	1749‐1832

オシャレより、清潔さ

Cleanliness over fashionable.

| 56 | オシャレより、清潔さ |

[スティーブ・ジョブズ] アップル社創業者 | 1955-2011

20 代はじめの頃のスティーブ・ジョブズは、長髪でいつも
ボロボロの服を着ていました。また「果物や野菜だけを
食べていればシャワーを浴びる必要はない」と考えていたために、
周囲から体臭を迷惑がられていました。彼がゲーム会社のアタリ
社で働いていたときには、あまりに不潔だという理由で夜間勤務
に異動させられたほどです。しかし、そういった習慣は次第に
改められ、後年、スティーブ・ジョブズはジーンズにスニーカー、
濃紺のタートルネックというスタイルで統一しました。ジョブズは
「（服を選ぶという）重要でない決断の機会を減らす」ためにター
トルネックを数百着まとめて注文していましたが、お洒落ではな
く清潔感に気を遣った結果だと言えるかもしれません。

　服装は、何より清潔感を大事にしましょう。

偉人たちの名言

自分の体は清潔にして、よく光らせておくのがよい。
あなたは窓だ。透明にしておかないと世間がよく見えない。
[バーナード・ショー] イギリスの劇作家 | 1856-1950

身体、衣服、住居の不潔を黙認すべからず。
[ベンジャミン・フランクリン] 米国の政治家 | 1706-1790

ほころびは一つの不祥事であり、
しみは一つの悪徳である。
[バルザック] フランスの小説家 | 1799-1850

今日の反省は
今日のうちに

A blunder committed today... requires a deep reflection also today.

57 今日の反省は今日のうちに

［ 内村鑑三 ］ キリスト教思想家 ｜ 1861-1930

キリスト教思想家で『代表的日本人』の著者、内村鑑三にはこんな逸話があります。ある朝、内村が出かけるときに幼い息子に「汽車の玩具を買ってきてあげよう」と約束しました。夕方になって家に帰ると、息子は「お父さん、汽車のおみやげは？」と聞きました。内村は「今日は忙しくて忘れてしまったよ」と返すと、息子は「嘘つき！」と大声で言いました。その言葉を聞いた内村は、脱ぎかけていた靴を履き直し、四谷まで玩具を買いに戻りました。息子への約束を忠実に果たそうとしたのです。

過ちに対する反省と、それを補う行動は、できるだけその日のうちに終わらせましょう。

偉人たちの名言

毎日毎日をきっぱりと終了せよ。あなたは全力を尽くした。確かにへまもやったし、馬鹿なこともしでかした。そんなことはできるだけ早く忘れよう。明日は新しい日だ。明日をつつがなく、静かに始めるのだ。
［ ラルフ・ワルド・エマーソン ］ 米国の思想家 ｜ 1803-1882

失敗の原因を素直に認識し、「これは非常にいい体験だった。尊い教訓になった」というところまで心を開く人は、後日進歩し成長する人だと思います。
［ 松下幸之助 ］ 松下電器創業者 ｜ 1894-1989

間違っていましたと認めることを恥じる必要はない。それは、今日は昨日より賢くなったということなのだから。
［ アレキサンダー・ポープ ］ イギリスの詩人 ｜ 1688-1744

人生は
やりすぎくらいでいい

To go overboard in life is a good thing.

| 58 | 人生はやりすぎくらいでいい |

[フランツ・シューベルト]　オーストリアの作曲家　|　1797–1828

『アヴェ・マリア』、『魔王』などの名曲を残したシューベルト。彼の作曲方法は、時と場所を選ばず、曲が思い浮かんだらすぐに書き留めるというやり方でした。友人とカフェで過ごしているとき、シェイクスピアの『シンベリン』という戯曲に目が留まると、シューベルトは何かを探し始めました。友人の一人が気づいて、勘定書の裏に五線を引いてそれを渡すと、シューベルトはそこに次々と音符を書き込んでいったそうです。彼は、二週間前に作った自分の曲を聴いて「これはよい曲だ！　誰の作曲だ？」と言ったことがありましたが、それほどまでに日常的に作曲を行っていたと言えるでしょう。

　第一線で活躍する人は、普通の人とは違う「過剰な一面」を持っているものです。

偉人たちの名言

狂気なしには何事も成し遂げられない。
[エヴァ・ペロン]　アルゼンチンの女優・政治家　|　1919–1952

向上心に燃えた有能で勤勉な人間には、
"ここで行き止まり"という柵は立てられない。
[ベートーヴェン]　ドイツの作曲家　|　1770–1827

もう、これしかない。一つの業です。
（漫画を描き続ける理由について）
[手塚治虫]　漫画家　|　1928–1989

LOVE

愛

ゆるせる人になろう

Be a forgiving person.

59 ゆるせる人になろう

[トーマス・カーライル] スコットランド出身の歴史家 | 1795～1881

19 世紀のイギリスを代表する言論人で、日本の内村鑑三、新渡戸稲造にも影響を与えたカーライル。同時代で彼と仲が良かった人物に、経済学者のジョン・スチュアート・ミルがいます。ミルが自宅でカーライルの完成したばかりの手書きの原稿を借りて読んでいたとき、それらを机の上に広げておいたために、メイドが「紙くず」だと勘違いしてストーブで燃やしてしまいました。原稿の量は多く、コピーなどはありませんでしたが、カーライルは「こうなってしまったことは仕方がない。また書くさ」と言い、翌日から再びそれを書き始めました。こうして1837年に刊行されたこの著作『フランス革命史』によって彼は名声を高め、ミルは 償 いを込めて、すぐにこの本の書評を出して推薦しました。

人の過ちを許せる心の広さが、人生の豊かさを呼び込みます。

偉人たちの名言

人を許すことを覚え、身につけなければいけません。
許す力量のない者には、愛する力もありません。
[マーティン・ルーサー・キング Jr.] 米国の牧師 | 1929～1968

愛というのは、その人の過ちや自分との
意見の対立を許してあげられること。
[フローレンス・ナイチンゲール] イギリスの看護教育学者 | 1820～1910

人付き合いがうまいというのは、
人を許せるということだ。
[ロバート・フロスト] 米国の詩人 | 1874～1963

言葉がいらないのが
友達

Friendship requires no words.

60 言葉がいらないのが友達

[管仲]（かんちゅう）中国春秋時代の政治家 ｜ 紀元前7世紀頃
[鮑叔牙]（ほうしゅくが）中国春秋時代の政治家 ｜ 紀元前7世紀頃

少年時代から厚い友情で結ばれていた管仲と鮑叔牙。彼らは大人になり、王位争いから二つの陣営に別れ、管仲の仕えていた主君は殺され、管仲自身も処刑されることになりました。しかし、鮑叔牙による陳情（ちんじょう）によって彼は助かり、役職を与えられ、のちに偉大な政治家となりました。管仲は鮑叔牙に感謝し、こう述べました。「私たちが若かった頃、鮑叔といっしょに商売をして利益はいつも自分が余分に取っていた。しかし、私がひどく貧しいと知っていたから彼は何も言わなかった。私が戦に負けて逃げ出しても、彼は卑怯者とは言わなかった。老いた母がいると知っていたからだ。私を産んでくれたのは父母だが、私を知ってくれたのは鮑叔だ」。

心地よく感じる関係は、相手の密かな気遣い（づか）によって支えられています。

偉人たちの名言

友たるものは、推察と沈黙に熟達した者
でなければならない。
[フリードリヒ・ニーチェ] ドイツの哲学者 ｜ 1844–1900

友人とはあなたのすべてを知っていて、
それでもあなたを好いてくれる人のことである。
[エルバート・ハバード] 米国の作家・教育者 ｜ 1856–1915

人生の行路をかなり遠くまでたどってくると、以前は
偶然の道連れにすぎぬと考えていた多くの人が、ふと気がついてみると、
実は誠実な盟友（めいゆう）だったことがわかる。
[ハンス・カロッサ] ドイツの詩人 ｜ 1878–1956

まわりの「助けて」に気づこう

Let's realize those who need help around us.

61 まわりの「助けて」に気づこう

[クララ・バートン] 米国の看護師・活動家 | 1821-1912

米国の南北戦争のとき、戦場で救護活動をして「戦場の天使」といわれたクララ・バートン。彼女は傷を負った人を救護するだけでなく、戦後は行方不明の兵士を調査して、その情報を家族に伝える仕事を積極的に行いました。また、スイスの実業家アンリ・デュナンが戦場での人道支援活動をする「赤十字社」を設立したとき、感銘を受けたクララは米国にも赤十字組織を作ろうとしましたが、その際に「自然災害や伝染病による傷病者の救済」も活動内容に加えたのです。現在もその理念は赤十字社の活動に受け継がれています。

周囲の人が困っていることは何なのか、その声に気づける人になりましょう。

偉人たちの名言

最も偉大なる英雄は、権力や光栄の為に戦う人ではなく、
他人を助けるために戦う人である。
[エレン・ケイ] スウェーデンの思想家・教育学者 | 1849-1926

私たちは皆、互いに助け合いたいと思っている。
人間とはそういうものだ。相手の不幸ではなく、
お互いの幸福によって生きたいのだ。
[チャールズ・チャップリン] イギリスの喜劇役者・映画監督 | 1889-1977

社会奉仕を目的とする事業は栄えるが、
個人の利益を追求する事業は衰える。
[ヘンリー・フォード] フォード・モーター社創業者 | 1863-1947

思い出すたび、
「あー」ってなる

Everytime I think back on it... I go "AHHHH!!"

62 思い出すたび、「あー」ってなる

[アルベルト・アインシュタイン] ドイツの物理学者 | 1879-1955

「$E = mc^2$」という式を発見し、相対性理論を導いたアインシュタイン。彼には人生で深く後悔していることがありました。それは、「$E = mc^2$」の式が原子爆弾の開発につながっていくのを知りながら、米国のルーズヴェルト大統領へ原爆の開発を勧める手紙に署名をしてしまったことです。ユダヤ人としてナチスから多くの迫害を受けた彼は、ナチス政権が原爆を開発するのに先んじようとしたのです。しかし、後年になって彼は自分の間違いを認め、戦後は反核運動を貫きました。

　誰の人生にも過ちはあるものです。しかし、過ちを忘れずにいるからこそ、未来の行動をより良いものへと変えていけます。

偉人たちの名言

命長ければ恥多し。
[荘子] 古代中国の思想家 | BC369頃-286頃

人間である限り、誰でも過ちは犯すものである。
そんなとき賢者や善人は、自分の過ちや失敗の中から、
社会や未来に有益な知恵を学び取るものである。
[プルタルコス] 古代ローマの著述家 | 45-120

恥は一つしかない。
すなわち、何の恥も感じないということだ。
[ブレーズ・パスカル] フランスの哲学者 | 1623-1662

63 最高の1+1になろう

[ヤーコプ・グリム] ドイツの文学者 | 1785-1863

[ヴィルヘルム・グリム] ドイツの文学者 | 1786-1859

『グリム童話』は六人兄弟の長男・ヤーコプと、次男ヴィルヘルムによって作られました。この二人は幼少期より、特別仲が良かったといいます。同じ大学に入った彼らは、下宿先で生活を切り詰めるために、机も辞書も文房具も共同で使っていました。弟のヴィルヘルムは病弱な体質でしたが、兄のヤーコプが面倒を見ていました。ドイツの民話を集めて本にすることになったときも、二人は協力しながら昔話を知る人物を訪ねて話を聞き、ひたすら記録していくという地道な作業を続けていきました。

　一人では手に負えない壮大な計画も、親密な人物の協力があれば実現することができます。

偉人たちの名言

最高の友は、私の中から最高の私を
引き出してくれる友である。
[ヘンリー・フォード] フォード・モーター社創業者 | 1863-1947

色というものはお互いに助けあって美しくなるものだよ。
人間と同じことだよ。どっちの色を殺しても駄目だよ。
どの色も生かさなければ。
[武者小路実篤] 小説家・詩人 | 1885-1976

光の中を一人で歩むよりも、
闇の中を友人と共に歩むほうが良い。
[ヘレン・ケラー] 米国の社会福祉活動家 | 1880-1968

64 キモチをカタチにしよう

[ピエール・キュリー] フランスの物理学者 | 1859-1906

2度のノーベル賞を受賞したマリー・キュリーと、その夫ピエール・キュリーは学校で知り合いました。長年、恋には無関心であったピエールですが、マリーに惹かれた彼は、自分の書いた「対称性保存の原理」の論文を彼女にプレゼントします。科学好きのマリーはこれに感激し、自分の暮らす質素な屋根裏部屋に招待して交流を深めました。その後、ピエールは祖国に戻って教師になろうとしていたマリーに「結婚して一緒にパリで研究を続けないか」とラブレターで求婚し、二人は結婚することになったのです。

気持ちはただ思っているだけではなく、形にして伝えましょう。

偉人たちの名言

ささやかな贈り物が友情を維持する。
大きな贈り物が愛を維持する。
[フランスのことわざ]

恋する男からみれば、プレゼントは自分の力を
確実にする一つの手段である。
[アンドレ・モーロワ] フランスの小説家・評論家 | 1885-1967

他人の望むものを彼らに与えればそれだけ、
彼らはあなたに、あなたの望むものを与えてくれる。
[ロバート・コンクリン] 米国の教育家・作家 | 1921-1998

違いを愛そう

Love the difference.

65	違いを愛そう

[マーティン・ルーサー・キング Jr.]　米国の牧師 ｜ 1929-1968

　　ア　メリカでの黒人の人種差別撤廃運動をしたキング牧師は、ジョージア州アトランタに生まれました。彼は6歳のときに人格形成に大きく影響を与えた出来事がありました。彼には3歳のときから同い年の白人の友達がいて、毎日のように一緒に遊んでいました。しかし、突然その子から「もう君と遊ばないように親から言われた」と告げられ、友情は終わってしまったのです。キングはそのとき初めて、世界には人種差別があると知りました。

　1963年、リンカーンが奴隷解放宣言をしてから100年を記念した集会での「I have a dream（私には夢がある）」の演説の中で、キング牧師はこう言っています。「私には夢がある。いつの日かジョージアの赤土の丘の上で、かつての奴隷の子孫とかつての奴隷所有者の子孫とが、兄弟愛のテーブルに一緒に座ることができるという夢を」。

　互いの違いを認め、愛するという気持ちが、人類の発展につながります。

偉人たちの名言

自分と異なる人間と接することの価値、
なじみのない思想や行動様式に出会うことの価値は、
どんなに高く評価してもしすぎることはない。
[ジョン・スチュアート・ミル]　イギリスの経済学者 ｜ 1806-1873

多様性は活力であり、進歩の源である。
[ルチアーノ・ベネトン]　イタリアの実業家・政治家 ｜ 1935-

性に合わない人たちと付き合ってこそ、うまくやって行くために
自制しなければならないし、それを通して、我々の心の中にある
いろいろ違った側面が刺激されて、発展し完成する。
[ゲーテ]　ドイツの詩人・劇作家 ｜ 1749-1832

あげても
なくならないのが、

Love is not something that runs out by giving.

66 あげても なくならないのが、愛

[マハトマ・ガンディー] インドの弁護士・社会運動家 | 1869-1948

「非暴力・不服従」運動でインド独立の父となったマハトマ・ガンディー。彼が鉄道でインド横断の旅をしていたとき、列車から降りようとして、片方の靴を手の届かない線路の上に落としてしまいました。そのとき彼は、なぜか自分の履いているもう片方の靴を脱いで、靴が落ちた線路のあたりに放り投げたのです。周囲の人が「どうしてそんなことをするのですか?」と尋ねると、ガンディーはこう答えました。「両方の靴が揃っていれば、靴を見つけた貧しい人が履けますから」。

人を幸せにしたいという思いは、人に与えれば与えるほど増えていきます。

偉人たちの名言

愛情を出し惜しんではいけない。
元手は使うことによって取り戻せるのだ。
[ジークムント・フロイト] オーストリアの精神分析学者 | 1856-1939

私たちには生まれたときから愛する力が備わっている。
それでも筋肉と同じで、その力は鍛えなければ
衰えていってしまいます。
[オードリー・ヘップバーン] イギリスの女優 | 1929-1993

本当の愛は無限です。与えれば与えるほど大きくなる。
[サン゠テグジュペリ] フランスの作家 | 1900-1944

参考文献 ※順不同

『アインシュタインは語る』アリス・カラプリス編｜林一 訳｜大月書店

『赤塚不二夫：ふしぎだけどほんとうなのだ』河出書房新社

『冒険』植村直己｜小学館

『ウォルト・ディズニー：すべては夢みることから始まる』PHP研究所

『図説エジソン大百科』山川正光｜オーム社

『エリザベス女王1』J・E・ニール｜大野真弓、大野美樹 訳｜みすず書房

『オードリーに学ぶおしゃれ練習帳』清藤秀人｜近代映画社

『大山康晴：人生に勝つ』大山康晴｜日本図書センター

『決定力を鍛える』ガルリ・カスパロフ｜近藤隆文 訳｜NHK出版

『クマグスの森：南方熊楠の見た宇宙』松居竜五｜ワタリウム美術館 編｜新潮社

『クララ・バートン：赤十字の母』H・D・ボイルストン｜葛西嘉資 訳｜時事通信社

『グリム童話の誕生』小澤俊夫｜朝日新聞社

『米百俵』山本有三｜新潮社

『シャネル スタイルと人生』ジャネット・ウォラク｜中野香織 訳｜文化出版局

『プリンシプルのない日本』白洲次郎｜新潮社

『スティーブ・ジョブズ：偶像復活』ジェフリー・S・ヤング、ウィリアム・L・サイモン｜井口耕二 訳｜東洋経済新報社

『土門拳の写真撮影入門』都築政昭｜近代文芸社

『ドラッカー 20世紀を生きて：私の履歴書』ピーター・ドラッカー｜牧野洋 訳・解説｜日本経済新聞社

『野口英世：波乱の生涯』星亮一｜三修社

『野口英世』中山茂｜朝日新聞社

『ハプスブルク家史話』江村洋｜東洋書林

『フェルマーの最終定理』サイモン・シン｜青木薫 訳｜新潮社

『プリューターク英雄伝』澤田謙｜講談社

『ベーブルース』ベーブ・ルース｜三浦修 編訳｜小峰書店

『ベーブ・ルース』砂田弘｜高田勲 絵｜岩崎書店

『ソロー語録』ヘンリー・D・ソロー｜岩政伸治 編訳｜文遊社

『森の生活：ウォールデン』ヘンリー・D・ソロー｜真崎義博 訳｜宝島社

『マーティン・ルーサー・キング自伝』マーティン・ルーサー・キング｜クレイボーン・カーソン編｜梶原寿 訳｜日本基督教団出版局

『ムーンウォーク：マイケル・ジャクソン自伝』マイケル・ジャクソン｜田中康夫 訳｜河出書房新社

『新しい「マイケル・ジャクソン」の教科書』西寺郷太｜ビジネス社

『マリー・キュリー1』スーザン・クイン｜田中京子 訳｜みすず書房

『マリリン・モンロー：最後の真実 part 1』ドナルド・スポト｜小沢瑞穂、真崎義博 訳｜光文社

『父マルコーニ』デーニャ・マルコーニ・パレーシェ｜御舩佳子 訳｜東京電機大学出版局

『宮本武蔵：「兵法」の道を生きる』魚住孝至｜岩波書店

『淀川長治のまたも見つけたこの話』淀川長治｜東京新聞出版局

『ローマ皇帝伝(上)』スエトニウス｜国原吉之助 訳｜岩波書店

『世界人物逸話大事典』朝倉治彦、三浦一郎 編｜角川書店

『新装版 教訓例話辞典』有原末吉 編｜東京堂出版

『人を動かす「名言・逸話」大集成』鈴木健二、篠沢秀夫 監修｜講談社

『人を動かす 一日一話活用事典』講談社

『一日一題 心に残る逸話と名訓』吉田澄夫｜光文書院

『修養全集8 古今逸話特選集』講談社

『心にしみる天才の逸話20』山田大隆｜講談社

『西洋人物こばなし辞典』三浦一郎 編｜東京堂出版

『科学史人物事典』小山慶太｜中央公論新社

『天才たちの日課』メイソン・カリー｜金原瑞人、石田文子 訳｜フィルムアート社

『先駆者たちの肖像：明日を拓いた女性たち』鈴木裕子 監修｜ドメス出版

『「地球のからくり」に挑む』大河内直彦｜新潮社

『自助論：人生を最高に生きぬく知恵』サミュエル・スマイルズ｜竹内均 訳｜三笠書房

『魔法の糸：こころが豊かになる世界の寓話・説話・逸話100選』ウィリアム・J・ベネット編著｜大地舜 訳｜実務教育出版

『新装版 こころの道』木村耕一 編著｜1万年堂出版

『世界ナンバー2列伝』山田昌弘｜社会評論社

『交渉は創造である』マイケル・ウィーラー｜土方奈美 訳｜文藝春秋

『世界名言大辞典』梶山健 編著｜明治書院

『東西名言辞典』有原末吉 編｜東京堂出版

『世界の名文句引用事典』扇谷正造、本多顕彰 監修｜自由国民社

『世界ことわざ名言辞典』モーリス・マルー 編｜島津智 編訳｜講談社

『名言：人生を豊かにするために』「座右の銘」研究会 編｜里文出版

『20 世紀名言集 スポーツマン篇』ビジネス心理研究所 編｜情報センター出版局

『名言の森：心に響く千人千句』晴山陽一 編著｜東京堂出版

『「グッ」とくる言葉』晴山陽一｜講談社

『D・カーネギー名言集』ドロシー・カーネギー 編｜神島康 訳｜創元社

『ポケットに名言を』寺山修司｜角川書店

『5 分で「やる気」が出る賢者の言葉』齋藤孝｜小学館

『ココ・シャネル 女を磨く言葉』高野てるみ｜PHP 研究所

『世阿弥 日本人のこころの言葉』西野春雄、伊海孝充｜創元社

『大局観：自分と闘って負けない心』羽生善治｜角川書店

参 考 ウ ェ ブ サ イ ト

名言ナビ　http://www.meigennavi.net/

名言 DB　http://systemincome.com/

地球の名言　http://earth-words.org/

癒しツアー 名言・格言・ことわざ集　http://iyashitour.com/meigen/

名言 +Quotes　http://meigen-ijin.com/

写 真 提 供

aflo	2｜4｜5｜7｜9｜13｜16｜17｜19｜22｜27｜29｜32｜33｜35 40｜44｜46｜47｜48｜49｜53｜55｜57｜58｜61｜62
gettyimages	12｜14｜15｜20｜26｜36｜37｜38｜39｜41｜43 45｜50｜54｜56｜60｜63｜64｜66
iStockphoto	1｜6｜8｜23｜24｜30｜34
123RF	11｜18｜25｜28｜42｜51
shutterstock	3｜10｜31｜52
amanaimages	59｜65
Alamy	21

水野敬也 みずの けいや

愛知県生まれ。慶応義塾大学経済学部卒。著書に『夢をかなえるゾウ』『人生はニャン
とかなる！』『神様に一番近い動物』『たった一通の手紙が、人生を変える』『ウケる技術』
『四つ話のクローバー』『雨の日も、晴れ男』『大金星』ほか、作画・鉄拳の作品に『そ
れでも僕は夢を見る』『あなたの物語』『もしも悩みがなかったら』がある。恋愛体育教師・
水野愛也としての著書に『LOVE理論』『スパルタ婚活塾』、また DVD作品『温厚な上
司の怒らせ方』の企画・脚本や、映画『イン・ザ・ヒーロー』の脚本を手がけるなど活
動は多岐にわたる。

公式ブログ「ウケる日記」 http://ameblo.jp/mizunokeiya/
Twitter アカウント　@mizunokeiya

長沼直樹 ながぬま なおき

日本大学芸術学部卒。著書にシリーズ累計 190万部を突破した『人生はワンチャンス！』
『人生はニャンとかなる！』『人生は ZOOっと楽しい！』『人生はもっとニャンとかなる！』（文
響社、共著）がある。

公式ブログ「n_naganuma の日記」 http://d.hatena.ne.jp/n_naganuma/
Twitter アカウント　@n_naganuma

人生はワンモアチャンス！ 「仕事」も「遊び」もさらに楽しくなる 66 の方法
2016 年 10 月 4 日　第 1 刷発行

著　　　者	水野敬也　長沼直樹
協　　　力	坪井卓　渋澤怜　Ji Soo Chun　Yale Sheen
装　　　丁	寄藤文平　北谷彩夏
イラスト	北谷彩夏
編　　　集	林田玲奈
発　行　者	山本周嗣
発　行　所	株式会社 文響社
	〒 105 - 0001　東京都港区虎ノ門 1 - 11 - 1
	電話　03 - 3539 - 3737　ホームページ　http://bunkyosha.com/
印刷・製本	日本ハイコム株式会社

本書の全部または一部を無断で複写（コピー）することは、著作権法上の例外を除いて禁じられています。購入者以外
の第三者による本書のいかなる電子複製も一切認められておりません。定価はカバーに表示してあります。
© 2016 by Keiya Mizuno, Naoki Naganuma　ISBN コード　978 - 4 - 905073 - 48 - 2　Printed in Japan

この本に関するご意見・ご感想をお寄せ頂く場合は、郵送またはメール（info@bunkyosha.com）にてお送りください。